Elias König
Klimagerechtigkeit

UNRAST

Elias König (* 1997) forscht als Yenching Scholar an der Universität Peking zu Umweltphilosophie, sozialen Bewegungen und epistemischer Gerechtigkeit und engagiert sich in der Klimagerechtigkeitsbewegung. Seit 2015 verarbeitet er diese Themen auch journalistisch – u.a. für Medien wie *The Ecologist*, *Truthout* und *analyse & kritik*.

Elias König

Klimagerechtigkeit

Warum wir eine sozial-ökologische Revolution brauchen

UNRAST

Bibliografische Information der Deutschen Bibliothek:
Die Deutsche Bibliothek verzeichnet diese Publikation in der Deutschen Nationalbibliografie; detaillierte bibliografische Daten sind im Internet über http://dnb.ddb.de abrufbar.

Elias König
Klimagerechtigkeit
1. Auflage, März 2021
ISBN 978-3-89771-088-7

www.unrast-verlag.de – kontakt@unrast-verlag.de
Mitglied in der assoziation Linker Verlage (aLiVe)

Umschlag: cuore, Berlin
Satz: Andreas Hollender, Köln
Druck: Multiprint, Kostinbrod

Inhalt

Prolog:
What do we want?

Taipeh, Januar 2021

Auf den Kalender ist selbst in Krisenzeiten Verlass. Durch die Welt jedenfalls scheint mit dem Abschied aus dem Jahr 2020 ein erleichtertes Seufzen zu gehen, so als würde das neue Kapitel im gregorianische Jahresrhythmus die Gesellschaft schon irgendwie vor weiterem Unheil beschützen. Unter den Masken, hinter den Plexiglasscheiben und in den Wohnungen macht sich für einen Moment die Sehnsucht breit: zurück zum ›Normalzustand‹, das wäre schön. Ansteigende Infektionskurven, seltsame Mutationen und Donald Trump sorgen dann aber dafür, dass die Verschnaufpause nicht lange währt. Lange Zeit hinter dem Schleier der Pandemie verborgen, aber nie wirklich abwesend, macht sich auch die Klimakrise wieder bemerkbar. In Australien treibt Zyklon Imogen sein Unwesen. Im Sudan sind mehr als eine Million Menschen von starken Überschwemmungen betroffen, es droht eine Hungerkatastrophe. Während Familien in Europa ungeduldig auf die Weihnachtsbescherung warten, ertrinken vor den Augen der Weltöffentlichkeit an Heiligabend zwanzig Menschen im Mittelmeer.

Selbst auf den Kalender wird bald nicht mehr Verlass sein, das ist aus wissenschaftlicher Sicht klar. Auf unheimliche Weise verschieben sich die Jahreszeiten, jahrhundertealte Bauernregeln verlieren ihre Gültigkeit. Landwirt*innen und Indigene Menschen[1] überall auf der Welt teilen diese Erfahrung. Über Jahrtausenden hinweg haben ihre Kalender gute Dienste geleistet, indem sie mit großer Genauigkeit Wetterphänomene prophezei-

1 Indigene Menschen/Communitys sind Menschen/Communitys, die sich innerhalb einer (siedlungs-)kolonialen Struktur als Nachfahren der vorkolonialen Bevölkerung einer Region identifizieren und als solche in vielen Fällen diskriminiert und marginalisiert werden. Der Begriff wird hier großgeschrieben, um zu betonen, dass sich auch um eine emanzipatorische Selbstbezeichnung handelt.

ten, die Bewegungen von Fischschwärmen und Tierherden vorhersagten und bei der Ernte halfen. Doch irgendetwas ist in den letzten Jahrzehnten außer Kontrolle geraten. Die Kalender funktionieren nicht mehr. Der Regen fällt nicht mehr, wann er fallen soll, und wenn er fällt, dann oft so heftig, dass es zu Überschwemmungen kommt. Auch in der Tierwelt hat sich vieles verändert: Laut einer Studie in der renommierten Wissenschaftszeitschrift *Science* sind inzwischen die Hälfte aller weltweiten Tierarten in Bewegung.[2] Migrierende Elche, krabbelnde Mikroben und summende Insekten sind Boten einer beklemmenden Zukunft. Wer nicht auswandert, stirbt aus: Seit dem Jahr 1970 ist die durchschnittliche Population vieler Tierarten um über 60 Prozent gesunken – das sechste Massenaussterben in der Geschichte des Planeten ist in vollem Gange.[3] Ohne dass viele Menschen es auch nur mitbekommen haben, ist die Welt, um es in den Worten der Anthropologin Juno Salazar Parreñas. auszudrücken, zu einem gigantischen Hospiz geworden.[4]

Das macht traurig und wütend! Einige kämpfen aus Überzeugung, andere haben gar keine andere Wahl. Im Dannenröder Forst, der noch vor wenigen Monaten zum Schauplatz der Zerstörungswut einer schwarzgrünen Landesregierung geworden war, gibt es erneute Besetzungsbestrebungen. Im von mehreren starken Wirbelstürmen zerstörten Honduras machen sich Tausende Menschen zu Fuß auf den Weg in Richtung USA. In Indien kampieren Zehntausende Bäuer*innen in klirrender Kälte vor den Toren der Hauptstadt Neu-Delhi. Sie protestieren gegen eine Reihe neuer Gesetzesreformen, die den krisengebeutelten Agrarsektor noch weiter deregulieren sollen. Schon jetzt sehen jährlich zehntausend indische Bäuer*innen angesichts des perfekten Sturms von Klimakrise und Schuldenbergen keinen Ausweg mehr und begehen Suizid.

Was wollen wir? scheint vor dem Hintergrund keine ganz unberechtigte Frage zu sein. *Na, Klimagerechtigkeit*! Noch immer hallt der Slogan der Klimaproteste von 2019 nach. Millionen Menschen waren damals überall

---

2 Welch, Craig (2017): Half of All Species Are on the Move—And We're Feeling It. *National Geographic*. Web. https://www.nationalgeographic.com/news/2017/04/climate-change-species-migration-disease/ (10.01.2021)

3 Yong, Ed (2018): Wait, Have We Really Wiped out 60 Percent of Animals? *The Atlantic*. Web. https://www.theatlantic.com/science/archive/2018/10/have-we-really-killed-60-percent-animals-1970/574549/ (10.01.2021)

4 Parreñas, Juno Salazar (2018): *Decolonizing Extinction: The Work of Care in Orangutan Rehabilitation*. Durham: Duke University Press.

auf der Welt auf die Straße gegangen, um für eine bessere, eine andere Welt einzustehen – eine Welt, in der das Schicksal des Planeten nicht länger Tag für Tag für den Profit der Wenigen geopfert wird. Ihren vorläufigen Höhepunkt erreichten die Proteste am 20. September 2019. Riesige Demonstrationen brachten in Australien das öffentliche Leben zum Stillstand. In Singapur versammelten sich Hunderte Menschen in einem abgesperrten Bereich des Hong-Lim-Parks, dem landesweit einzigen Ort, an dem Demonstrationen erlaubt sind. Auf Kuba demonstrierten Fahrradfahrer*innen für bessere Radwege. Im afghanischen Kabul marschierten Kinder und Jugendliche unter Militärschutz durch die Innenstadt. Auf Malta veranstalteten Aktivist*innen ein Die-In vor dem Parlament in Valletta.[5] In Neu-Delhi forderten mehr als 2.000 Schüler*innen die indische Regierung auf, mehr für den Klimaschutz zu tun. In Brasilien protestierten Tausende gegen die im Land schwelenden Waldbrände. Schüler*innen in Bangladesch formten eine kilometerlange Menschenkette. Sogar in der Antarktis legten Forscher*innen die Arbeit nieder. Allein in Deutschland schlossen sich 1,4 Millionen Menschen den Protesten an. Die Demonstrationen haben viele Menschen berührt, aufgerüttelt und mobilisiert. Das Resultat: Die Passagiere im langen Zug der Geschichte sind besser informiert denn je über die gefährliche Route, die ihnen bevorsteht. Den Zug allerdings scheint das nicht zu beindrucken: Er beschleunigt einfach weiter. Selbst im Pandemiejahr 2020 stieg die Treibhausgaskonzentration in der Erdatmosphäre weiter an.[6]

Wie kann es nur sein, dass so viele Menschen sich für Klimaschutz engagieren und dennoch keine handfesten Resultate zu beobachten sind? Die bisher verabschiedeten Klimaabkommen, ausgerufenen Klimanotstände, Selbstverpflichtungen der Industrie, Emissionsobergrenzen und sonstige Trippelschritte der sogenannten ›Klimapolitik‹ scheinen die Klimakrise jedenfalls keineswegs aufzuhalten. Und wie kommt es eigentlich, dass in vielen Fällen ausgerechnet diejenigen Menschen mit Leib und Leben für die Klimakrise haften müssen, die am wenigsten zu ihrer Entstehung beigetragen haben? Aktivist*innen und Theoretiker*innen aus dem Kreis

---

5 Bei einem Die-In legen sich Aktivist*innen wie tot auf den Boden, um gegen Krieg oder Umweltzerstörung zu demonstrieren.

6 Groll, Tina (2020): Treibhausgase steigen trotz Lockdown weltweit auf neues Rekordhoch. *Zeit Online*. Web. https://www.zeit.de/wissen/umwelt/2020-11/corona-klimawandel-treibhausgase-rekordwert-wmo-genf (11.01.2021)

der Klimagerechtigkeitsbewegung beschäftigen sich schon seit Langem mit diesen Fragen. Sie untersuchen und diskutieren beispielsweise, was die Klimakrise mit unserem Wirtschaftssystem zu tun hat und wie Herrschaftsformen wie Kolonialismus und Patriarchat mit dem Thema Klimagerechtigkeit zusammenhängen. Im Mittelpunkt steht bei diesen Überlegungen aber letztendlich immer auch die Fragen des Handelns: Was sollen wir tun?

Einige ihrer Ideen will dieses Buch vorstellen. Es soll ein Buch von Aktivist*innen für Aktivist*innen sein – ein Buch, das die Wichtigkeit der theoretischen Reflexion würdigt, aber nicht um des Theoretisierens selbst willen, sondern um eine emanzipatorische Praxis zu inspirieren. Es soll ein Buch sein, das nicht nur zum Weiterlesen, sondern auch zum Aktivwerden anregt. Ein Buch für Kohlegrube, Bagger- oder Baumbesetzung – aber auch für die Diskussion mit Familie, Freund*innen und Mitstreiter*innen.

Entstanden sind die Texte im Laufe der vergangenen Jahre – auf Klimacamps, beim Wandern in den verschneiten Alpen und auf philosophischen Konferenzen. Die vorgestellten Passagen sind also in den wenigsten Fällen das Produkt meiner eigenen Fantasie, sondern vielmehr ein Mosaik aus gesammelten Anekdoten, Argumenten und Ideen, die meines Erachtens einen guten Einstieg in das Thema Klimagerechtigkeit bieten. Ganz ohne Flugzeug werden wir im Laufe der nächsten Kapitel die Orte besuchen, an denen die Klimakrise entstanden ist und an denen sie bereits die unterschiedlichsten Spuren hinterlässt. Von den Bergen Nordindiens bis ins isländische Reykjavik, von den US-amerikanischen Südstaaten bis in den brasilianischen Regenwald: Überall begegnen uns die immer selben Verhältnisse der Ausbeutung von Mensch und Natur, die es erlaubten, dass eine derartige globale Krise überhaupt entstehen konnte, und die gleichzeitig dazu führen, dass diejenigen, die am wenigsten zu dieser Krise beigetragen haben, am schwersten von ihr betroffen sind. Denn um die Klimakrise wirklich verstehen zu können, reicht es nicht aus, sich lediglich mit ihrer meteorologischen Funktionsweise zu befassen. Wir müssen die Klimakrise auch als eine historische Krise verstehen und ihren sozialen Ursachen auf den Grund gehen.

Das Buch ist so aufgebaut, dass sich je nach Interesse munter zwischen den unterschiedlichen Kapiteln hin- und herblättern lässt. Das erste Kapitel gibt einen Einblick in die Geschichte der Klimagerechtigkeit: Wie ist dieser Begriff überhaupt entstanden? Wie wurde er zur Kernforderung einer wachsenden globalen Bewegung? In den anschließenden Kapiteln werden wichtige Dimensionen der Klimagerechtigkeit thematisiert: Kolonialismus und Rassismus (Kapitel 2), Neoliberalismus und die kapitalistische Produktionsweise (Kapitel 3) sowie Patriarchat und Ökofaschismus (Kapitel 4). Der letzte Teil des Buches ist der Frage gewidmet, wie sich diese Dimensionen am besten zusammendenken lassen (Kapitel 5) und wie eine progressive Vision einer klimagerechten Welt aussehen könnte (Kapitel 6). Denn eines zeigt die lange Geschichte sozial-ökologischer Bewegungen und Kämpfe: Eine andere Welt ist durchaus möglich!

Kapitel 1:
Von der Umwelt- zur Klimagerechtigkeit

If you know your history, then you would know where you're coming from.

Bob Marley

Wessen Krise?

Oft wird die Klimakrise in deutschen Zeitungen oder Talkshows diskutiert, als handele es sich um ein Problem, das in erster Linie Naturwissenschaftler*innen und Politiker*innen etwas angeht. Der Klimawandel, so formulierte es der selbsternannte Klimaexperte Christian Lindner einmal, sei eben »eine Sache für Profis«. Regelmäßig endet die Debatte deshalb im gewohnten Patt. Auf der einen Seite warnen renommierte Wissenschaftler*innen, die an millionenschweren Forschungsinstituten mit komplizierten Modellen meteorologische Phänomene erforschen, eindringlich vor den katastrophalen Folgen einer immer mehr außer Kontrolle geratenden Erderhitzung. Auf der anderen Seite versichern um Schlagzeilen besorgte Politiker*innen verschiedener Parteien, sie würden die Herausforderung sehr ernst nehmen, es sei doch bereits vieles erreicht worden und außerdem dürfe man ja auch den gesellschaftlichen Zusammenhalt nicht aus dem Blick verlieren.

Im Internet ziehen dann anschließend einige frustrierte User*innen übereinander her. Die allermeisten Menschen aber werden die Diskussion ohnehin verpassen. Die Klimakrise ist ihnen zwar nicht egal – Umfragen zufolge handelt es sich um eines der wichtigsten politischen Themen für die Menschen in Deutschland[7] –, aber im Alltag gibt es dann doch zumeist

7 Europäische Kommission (2019): *Special Eurobarometer 490.* Country Highlights Germany. Web. https://ec.europa.eu/clima/sites/clima/files/support/docs/de_climate_2019_en.pdf (11.01.2021)

dringendere Angelegenheiten zu regeln. Der Gedanke, die erschreckende Akkumulation von Treibhausgasen fernab in den äußeren Schichten der Erdatmosphäre könnte die gewohnte Lebensweise in irgendeiner Form fundamental infrage stellen, muss sich erst einmal hinter Liebeskummer, Arbeitsstress und Einkaufsplanung einreihen.

Dabei gibt es gute Gründe, an der Erzählung von der rein atmosphärischen Krise zu zweifeln. Ist die ›Klimakrise‹ nicht auch eine soziale Krise, die schon längst alle Aspekte unseres Lebens berührt? Hinter den Zahlen der Wissenschaftler*innen verbergen sich schließlich reale Schicksale: Bäuer*innen, die seit Jahren mit dürrebedingten Ernteausfällen zu kämpfen haben, Menschen im Rheinland oder in der Lausitz, die aus ihrer Heimat vertrieben werden, um Platz für Braunkohletagebaue zu schaffen oder Geflüchtete aus Dürreregionen wie Syrien und der Sahelzone, wo Wassermangel und Ernteausfällen den Boden für blutige Bürgerkriegen bereiteten.[8]

Die Art und Weise, wie wir die Klimakrise verstehen, beeinflusst auch, wie wir mit ihr umgehen. Wenn wir sie nicht mehr nur als ein atmosphärisches, sondern auch als ein soziales Problem begreifen, dann ist die Klimakrise plötzlich nicht mehr davon zu trennen, wie unsere Gesellschaft organisiert ist – wie etwa unser Essen produziert wird, wie unser Transportwesen organisiert ist oder wie unser politisches System funktioniert. Wir müssen uns fragen, wie es eigentlich sein kann, dass etwa ein Dutzend Milliardäre die Hälfte des gesamten Weltvermögens besitzen, während gleichzeitig jedes Jahr Millionen an den Folgen der Klimakrise sterben (wobei einige der genannten Milliardäre ihren gigantischen Reichtum sogar gezielt dafür einsetzen, aktiv Klimaschutz zu verhindern und Milliardenbeträge in Desinformationskampagnen zu investieren).

Nach dieser Lesart ist die Klimakrise vor allem eine Klimaungerechtigkeitskrise. Denn während einige wenige Menschen noch immer enorm von der Zerstörung des Planeten profitieren, sind diejenigen Menschen, die am wenigsten zur Erderhitzung beigetragen haben, von ihren Folgen oft am schwersten betroffen. Im philosophischen Jargon nennt man einen

8 Die Rolle die Dürrejahre 2006–2011 für den Ausbruch des syrischen Bürgerkriegs ist in der Wissenschaft nicht abschließend geklärt. Die meisten Autor*innen sehen den Klimawandel jedoch als einen von mehreren wichtigen Faktoren, die zu einer Eskalation der Lage beigetragen haben. Für einen aktuellen Überblick über die Debatte siehe Daoudy, Marwa (2020): The Origins of the Syrian Conflict: Climate Change and Human Security. Cambridge: Cambridge University Press.

solchen Fall ein Problem der *Verteilungsgerechtigkeit*. Menschen mit geringem Einkommen, People of Color, Frauen*, Indigene Menschen und andere marginalisierte Gruppen gehören schon jetzt zu denjenigen, die am meisten an der Klimakrise und ihren Auswirkungen leiden.[9] Viele Einführungstexte zum Thema Klimagerechtigkeit brechen an dieser Stelle ab. Bei ihnen klingt es dann so, als hätten einige Menschen in den reichen Industrieländern ›aus Versehen‹ die größte Erhitzung des Planeten in der Menschheitsgeschichte verursacht, und dann seien auch noch, wie durch eine unglückliche Schicksalsfügung, ausgerechnet diejenigen Menschen am meisten davon betroffen, die am wenigsten dazu beigetragen haben.

Doch diese Verteilungsungerechtigkeit ist eben kein Zufall. Hier kommt die zweite wichtige Dimension der Klimagerechtigkeit ins Spiel: Ungerechtigkeit ist nämlich nicht nur eine *Folge*, sondern auch eine der *Hauptursachen* der Klimakrise. Wie der Klimagerechtigkeitsforscher Kyle Powys Whyte in seinen Aufsätzen aufzeigt, sind es oft sogar genau dieselben Mechanismen, die die Erhitzung des Planeten befeuern und marginalisierte Bevölkerungsgruppen noch stärker gefährden.[10] Überall auf der Welt werden beispielsweise Menschen durch große Konzerne von ihrem Land vertrieben, um Platz für Kohle-, Öl- oder Gasinfrastruktur zu schaffen, und dadurch gezwungen, in Küstenregionen oder in urbane Slums zu ziehen, wo sie den Gefahren der Klimakrise besonders schonungslos ausgesetzt sind.

Eine Klimagerechtigkeitsperspektive betont deshalb, dass Gerechtigkeit ein essenzieller Bestandteil einer politischen Antwort auf die Klimakrise sein muss. Nicht, weil sich das besser anfühlt, sondern weil die Klimakrise schlicht nicht effektiv bekämpft werden kann, ohne auf die sozialen Ungerechtigkeiten einzugehen, die sie bedingen.

Der Begriff *Klimagerechtigkeit* ist zwar noch verhältnismäßig jung. Die Idee, ökologische Krisen und Gerechtigkeitsfaktoren zusammenzudenken, ist jedoch alles andere als neu. Schon seit Jahrhunderten kämpfen Menschen auf allen Teilen des Planeten gegen den Raubbau an der Natur, gegen Ausbeutung von Menschen und Tieren und gegen Ideologien, die diese Ungerechtigkeiten legitimieren. Unter dem Banner der *Umweltgerechtigkeit* fanden sich in der zweiten Hälfte des 20. Jahrhunderts viele

9 Für einige Philosoph*innen zählen auch nicht-menschliche Lebewesen, also Tiere, und zukünftige Generationen zu diesen besonders betroffenen Gruppen

10 Whyte, Kyle (2018): Settler Colonialism, Ecology and Environmental Injustice. In: *Environment and Society* 9(1). S. 125-144.

dieser Bewegungen auf einer globalen Ebene zusammen. Wie genau aus der Umweltgerechtigkeitsbewegung heraus eine Klimagerechtigkeitsbewegung entstand und welche Folgen diese Entwicklung bis heute hat, wollen wir uns im Folgenden näher anschauen.

Die Geburt der Umweltgerechtigkeitsbewegung

Memphis, USA, 1968

Die US-Südstaatenmetropole Memphis ist wohl in erster Linie für ihr musikalisches Erbe bekannt. Bedeutende Gospel-, Jazz-, Blues- und Soul-Interpret*innen fanden hier eine künstlerische Heimat. Doch die Stadt, in der Elvis Presley den Rock'n'Roll neu erfand, war im 20. Jahrhundert auch eine Hochburg der Bürgerrechtsbewegung. Eine der bedeutendsten sozialen Bewegungen der Stadt formierte sich hier, nachdem am 1. Februar 1968 zwei Angestellte der lokalen Müllabfuhr von einer defekten Müllpresse erdrückt wurden und starben. Die beiden Männer, Echol Cole und Robert Walker, hatten sich vor einem Regenschauer schützen wollen. Bereits vier Jahre zuvor waren zwei Müllmänner durch die defekte Anlage ums Leben gekommen, doch die Stadtverwaltung hatte sich damals geweigert, die Anlage auszutauschen.

Derart unsichere Arbeitsbedingungen waren das direkte Resultat der Politik der Rassentrennung in den US-amerikanischen Südstaaten, die dazu führte, dass die Mitgliedschaft in großen Gewerkschaften *weißen* Arbeiter*innen vorbehalten war.[11] Schwarze Müllarbeiter*innen in Memphis hatten hingegen fast keine arbeitsrechtlichen Garantien.[12] Sie konnten

---

11 *Weiß* ist an dieser Stelle kursiv geschrieben, um darauf zu verweisen, dass es sich nicht um eine biologische Eigenschaft handelt, sondern um ein soziales Konstrukt. Das zeigt sich mit einem Blick in die Geschichte: Wer als *weiß* ›durchgeht‹, das ist immer auch von historischen, ökonomischen und geographischen Faktoren abhängig. Siehe auch: Sow, Noah (2008): *Deutschland Schwarz weiß: der alltägliche Rassismus.* München: Bertelsmann.

12 ›Schwarz sein‹ ist ebenfalls ein soziales Konstrukt und beschreibt eine gesellschaftliche Positioniertheit in einer rassistischen Gesellschaft. ›Schwarz‹ wird häufig in rassismuskritischen Kontexten großgeschrieben, um aufzuzeigen, dass es sich im Gegensatz zu ›*weiß*‹ um eine emanzipatorische Selbstbezeichnung handelt. Eine ausführlichere Erklärung bietet beispielsweise die *New York Times*: Coleman, Nancy (2020): Why We're Capitalizing Black. *New York Times.* Web. https://www.nytimes.com/2020/07/05/insider/capitalized-black.html (09.01.2021). Siehe auch: Chebu, Anne (2014): *Anleitung zum Schwarz sein.* Münster: Unrast Verlag.

jederzeit durch ihre (zumeist *weißen*) Vorarbeiter*innen gefeuert werden. Die Gehälter waren gering und reichten oft nicht zum Überleben, sodass viele der Arbeiter*innen zusätzlich auf Sozialhilfe und sozialen Wohnungsbau angewiesen waren. Arbeitskleidung und Toiletten wurden nicht zur Verfügung gestellt, unbezahlte Überstunden hingegen waren an der Tagesordnung.

Der Tod der beiden Männer brachte das Fass zum Überlaufen. Innerhalb weniger Tage organisierten die Mitarbeiter*innen der Müllabfuhr einen historischen Streik, um für mehr Sicherheit am Arbeitsplatz, bessere Arbeitsbedingung und die Anerkennung ihrer Gewerkschaft zu kämpfen. Mehr als 1.300 Streikende marschierten am ersten Streiktag zur Stadtverwaltung und konfrontierten den rassistischen Bürgermeister Henry Loeb mit ihren Forderungen. Als dieser sie ignorierte, beschlossen die Arbeiter*innen, ihren Arbeitskampf zu intensivieren.

Insgesamt hielt der Streik 64 Tage lang an. Bereits nach wenigen Tagen stapelten sich Tausende Tonnen Müll auf den Straßen von Memphis. Die Streikenden organisierten tägliche Demonstrationen mit Zehntausenden Teilnehmer*innen. Am 28. März schwänzten 22.000 Schüler*innen die Schule, um an der Demonstration teilzunehmen. Die Polizei reagierte mit brutaler Gewalt, Tränengas und scharfer Munition. Den neunzehnjährigen Larry Payne kostete die Teilnahme an der Demonstration an diesem Tag das Leben. Er wurde durch den Polizisten Leslie Jones erschossen. Nur eine Woche später wurde Memphis durch eine weitere Schreckenstat erschüttert: Der berühmte Bürgerrechtler Martin Luther King Jr., der in die Stadt gekommen war, um den Streik zu unterstützen, wurde in seinem Hotel ermordet. In der folgenden Woche spitzten sich die Proteste noch weiter zu, mit knapp 50.000 Teilnehmenden, bis endlich ein Abkommen mit dem Stadtrat getroffen wurde, welches die Anerkennung der Gewerkschaft vorsah.

Der Streik von Memphis gehörte zu den ersten namhaften Kampagnen in den USA, die den Kampf gegen Rassismus und für bessere Arbeitsbedingungen mit einem der damals populärsten Umweltthemen, der Müllentsorgung, verbanden. Denn wie in Memphis waren es an vielen Orten in den USA überproportional Schwarze und People of Color, die mit der Entsorgung von giftigen Abfällen betraut wurden und somit mit ihrer eigenen Gesundheit und Sicherheit für die Umweltsünden des US-amerikanischen Kapitalismus haften mussten.

Warren County, USA, 1982

Vierzehn Jahre später diente der Streik von Memphis als Inspiration für eine weitere Welle von Bürgerrechtsbewegungen in den USA. In Warren County im US-amerikanischen Bundesstaat North Carolina plante die Lokalregierung die Einrichtung einer PCB-Deponie. Das Kürzel PCB steht für polychlorierte Biphenyle, höchst giftige Chlorverbindungen, die früher als Industriechemikalien zum Einsatz kamen, aber 1977 in den USA verboten wurden. Der Ort der Deponie, an dem bis zu 60.000 Tonnen PCB-kontaminierte Erde vergraben werden sollten, wurde jedoch nicht etwa nach wissenschaftlichen Kriterien wie der Bodendurchlässigkeit oder dem Grundwasserspiegel ausgewählt. Stattdessen richteten sich die Planer*innen bei der Standortsuche nach demografischen Kriterien, darunter unter anderem dem durchschnittlichen Einkommen der Anwohner*innen. In Warren County lebten zu diesem Zeitpunkt 18.000 mehrheitlich einkommensschwache afro-amerikanische Einwohner*innen. Die Regierung ging davon aus, dass diese Bewohner*innen den geringsten Widerstand gegen die Errichtung der giftigen Mülldeponie leisten würden. Doch sie hatten Warren County unterschätzt. Als 1982 die Anlieferung der toxischen PCB-Erde begann, legten sich Hunderte Menschen in einem Akt des zivilen Ungehorsams vor die Transporter. Zahlreiche bekannte Geistliche und Vertreter*innen der Bürgerrechtsbewegung unterstützten ihren Protest. Während der Auseinandersetzungen, die sechs Wochen andauerten, wurden mehr als 500 Menschen verhaftet. Schließlich willigte der verantwortliche Gouverneur Jim Hunt ein, die Deponie baldmöglichst zu entgiften – ein Prozess, der mehrere Jahrzehnte andauerte und 2004 endlich abgeschlossen wurde.

Die Proteste von Memphis und Warren County werden oft als Sternstunden der Umweltgerechtigkeitsbewegung verstanden, einer Bewegung, die die sozialen Aspekte der grassierenden ökologischen Krise der 1980er- und 1990er-Jahre in den Vordergrund rückte. Die Umweltgerechtigkeitsbewegung grenzte sich bewusst von der bis dato überwiegend *weißen* nordamerikanischen Umweltbewegung ab, die sich in vielen Fällen darauf beschränkte, die Umweltverschmutzung in den eigenen, wohlhabenden Communitys zu bekämpfen. Das führte aber dazu, dass viele der Probleme einfach in ärmere Gegenden ausgelagert wurden. Der Aktivismus der *weißen* Umweltbewegung bewirkte also häufig keine Lösung, sondern lediglich eine Verschiebung der Umweltprobleme. Die Umweltgerechtigkeitsbewegung hingegen hatte den Anspruch, die ökologischen Probleme ihrer Zeit an der Wurzel zu packen und nachhaltig zu lösen. Insbesondere kritisierten ihre Vertreter*innen den impliziten und expliziten Rassismus der Mainstream-Umweltbewegung in Nordamerika. *Weiße* Umweltorganisationen wie der *Sierra Club* setzten sich nämlich beispielsweise mit viel Engagement für die Errichtung von Nationalparks und die Erhaltung von Wildnis ein, billigten dabei aber wissentlich die Vertreibung und Enteignung der dort lebenden Indigenen Menschen.[13]

Während der Umweltschutz für viele in der Mainstream-Umweltbewegung also primär ein ästhetisches Anliegen war, machte die Umweltgerechtigkeitsbewegung ihn zur sozialen Frage, indem sie auf die überproportionale Belastung marginalisierte Bevölkerungsgruppen durch Umweltverschmutzung hinwies. Daran hat sich bis heute leider nur wenig geändert. Wie in Warren County werden toxische Abfälle auch heute noch oft in der Nähe von Schwarzen, migrantischen und Indigenen Communitys entsorgt. Luft- und Wasserverschmutzung sind ebenfalls ungleich verteilt. Das führt dazu, dass People of Color statistisch gesehen häufiger von Asthma und anderen Atemwegserkrankungen betroffen sind. Im Rahmen der Proteste von 1982 prägte der Bürgerrechtler Benjamin Chavis den bis heute geläufigen Begriff des *Umweltrassismus*, um dieser Ungerechtigkeit einen Namen zu geben.

Obwohl die US-amerikanische Umweltgerechtigkeitsbewegung weltweit Schlagzeilen machte, waren die Vereinigten Staaten bei Weitem nicht der einzige Ort, an dem soziale Bewegungen ökologische und soziale Kämpfe miteinander verbanden. Wie der indische Historiker Ramachandra Guha und sein spanischer Kollege Joan Martinez-Alier in ihrem, inzwischen zum Klassiker gewordenen, Buch zur Umweltgerechtigkeitsbewegung, *Varieties of Environmentalism*[14], beschreiben, gab es gerade im Globalen Süden viele vergleichbare Bewegungen.[15]

13 Kantor, Isaac (2007): Ethnic Cleansing and America's Creation of National Parks. In*: Public Land and Resources Law Review* 28. S. 42-62. Link: https://scholarship.law.umt.edu/cgi/viewcontent.cgi?article=1267&context=plrlr (28.11.2020)

14 Guha, Ramachandra und Joan Martinez-Allier (1997): *Varieties of Environmentalism: Essays North and South.* London: Earthscan Publications.

15 Der Begriff ›Globaler Süden‹ bezeichnet Communitys, die sich innerhalb der Strukturen eines Weltsystems in einer strukturell benachteiligten Position befinden, die also insgesamt von Kapitalismus und kolonialen Strukturen ausgebeutet werden. Teil des ›Globalen Norden‹ hingegen sind Communitys, die sich in einer privile-

Uttarakhand, Indien, 1970er-Jahre

Als eine der erfolgreichsten und bekanntesten Umweltgerechtigkeitsbewegungen gilt die indische Chipko-Bewegung, eine Bewegung von Frauen* aus der nordindischen Bergregion Uttarakhand, die sich erfolgreich gegen die Zerstörung der Wälder ihrer Region einsetzte. Die Hauptaktionsform der Frauen* war dabei das Umarmen der gefährdeten Bäume, eine Proteststrategie, die in Indien Tradition hat. Schon seit Anbeginn der Kolonisierung des Subkontinents durch die britische Ostindien-Kompanie hatte sich die Bevölkerung auf diese Weise gegen die Abholzung ihrer Wälder gewehrt. Eine der frühesten dokumentierten Protesthandlung geht auf das Jahr 1730 zurück, als mehr als 300 Dorfbewohner*innen im heutigen Bundesstaat Rajasthan ihr Leben gaben, um einige lokale Khejri-Bäume zu beschützen. Beeindruckt von dieser jahrhundertealten Tradition des Widerstands gründete der indische Aktivist Chandi Prasatt Bhatt in den 1960er-Jahren in der Stadt Gopeshwar im nordindischen Uttarakhand die Nichtregierungsorganisation DGSS. Obwohl der Kolonialismus zu diesem Zeitpunkt längst der Vergangenheit angehörte, hatte sich an der Politik nur wenig geändert. Noch immer wurden die Wälder in Regionen wie Uttarakhand, im Rahmen des sogenannten *Contractor-Systems*[16] an große Firmen verpachtet, die weite Flächen roden ließen oder lokale Spezies durch importierte Baumarten ersetzten. Das Ökosystem geriet dadurch zunehmend aus dem Gleichgewicht, was zu Erdrutschen und Überschwemmungen führte. Insbesondere Frauen* waren von dieser ökologischen Krise betroffen, da sie oft allein für den Erhalt des Dorflebens verantwortlich waren, während die Männer aus den Dörfern in die Städte zogen, um Lohnarbeit zu finden.

Die Dorfbewohner*innen begannen, sich mit Unterstützung von Bhatt und DGSS zu vernetzen und zu organisieren, um die Wälder zu schützen,

---

gierten Position befinden, die also im Rahmen derselben Strukturen profitieren. Die Begriffe sind keine geografischen Bezeichnungen, sondern flexible Konzepte, deren Ziel es ist, reale Machtverhältnisse einer kolonialen Welt widerzuspiegeln. Einige Communitys im polaren Grönland etwa, mögen sich als Teil des Globalen Südens verstehen, während reiche Stadtteile von Südafrika durchaus dem Globalen Norden zugerechnet werden können. Die Bezeichnung ›Länder des Globalen Nordens/Südens‹ wird oft verwendet, um dieselben Machtstrukturen auf einer zwischenstaatlichen Ebene zu beschreiben, sie verwischt allerdings die Unterschiede, die auch innerhalb von Staaten existieren können.

16 Als Contractor-System wird in Indien die aus der Zeit des Kolonialismus stammende Praxis bezeichnet, öffentliche Waldgrundstücke – oft auf Kosten der Rechte der lokalen Bevölkerung – an private Firmen zu verpachten.

die ihre Lebensgrundlage bildeten. Zu einer ersten Aktion kam es 1972, als die *Simon Company*, eine Sportartikelfirma aus einer weit entfernten Großstadt, für die Produktion von Tennisschlägern 300 Bäume in der Region fällen wollte. Die Waldarbeiter der Simon Company wurden von Hunderten Frauen* empfangen, die trommelten, sangen und die Bäume umarmten, die gefällt werden sollten. Nach einigen Wochen mussten die Waldarbeiter aufgeben und der Vertrag mit der Simon Company wurde von der Verwaltung storniert. Durch diesen Etappensieg motiviert, weitete sich die Chipko-Bewegung aus. Als im Januar 1974 in der Nähe des Dorfes Reni 2500 Bäume gefällt werden sollten, waren die Dorfbewohnerinnen wieder zur Stelle und stellten sich vier Tage lang schützend vor die Bäume. Die Bewegung nutzte direkte Aktionen auch als eine Plattform, um soziale Probleme anzusprechen. Sie forderte Mindestlöhne für landlose Waldarbeiter*innen, Autonomie in der Nutzung der Wälder und Gewässer und mehr Unterstützung für die lokalen Gewerbe. Nach insgesamt zwölf großen Protestaktionen von Bewohner*innen aus mehr als 150 Dörfern konnte die Regierung die Chipko-Bewegung nicht mehr länger ignorieren. Im Jahr 1980 veranlasste Premierministerin Indira Gandhi schließlich ein fünfzehnjähriges Baumfällverbot in der Himalayaregion – ein Erfolg, durch den die Chipko-Bewegung in die Geschichtsbücher des Landes einging.

Xapuri, Brasilen, 1980er-Jahre

Auch in Brasilien schritt die Abholzung des Urwaldes, insbesondere des berühmten Amazonas-Regenwaldes, in der zweiten Hälfte des 20. Jahrhunderts immer weiter voran. Hier waren es Indigene Gruppen und organisierte Kautschukzapfer*innen, die sich der Zerstörung des Waldes in den Weg stellten. Einer ihrer bekanntesten Anführer war Francisco Alves ›Chico‹ Mendes Filho. Mendes' Vater war 1943 als Teil der sogenannten ›Kautschuk-Armee‹ in den westbrasilianischen Bundestaat Acre gekommen. Damals hatte die brasilianische Regierung fünfzigtausend Männer aus dem verarmten Nordosten des Landes rekrutiert, um im Amazonasgebiet Kautschuk zu zapfen, ein Rohstoff, der im Zweiten Weltkrieg für die militärische Nutzung und die Reifenherstellung dringend benötigt wurde. Die brasilianische Regierung hielt ihre Versprechen jedoch nie ein, die Männer nach dem Krieg wieder auszufliegen oder zu entschädigen, und so wuchs Chico Mendes wie viele andere Kinder der Kautschukzapfer*innen in prekären Verhältnissen mitten im Wald auf. Von den 17 Geschwistern in seiner Familie überlebten nur sechs ihre Kindheit. Erst im Alter von 18 Jahren lernte Mendes durch einen Aktivisten lesen und schreiben und begann, alle verfügbaren Zeitungsartikel zu studieren. Dadurch wurde ihm bewusst, wie sehr die Kautschukzapfer*innen in der brasilianischen Gesellschaft benachteiligt wurden. Ständig wurden sie von Großgrundbesitzern bedroht, die den Wald abholzten, um Platz für Viehzucht zu schaffen und Gewinne durch den Holzverkauf zu erzielen. Um gegen die Rodung des Regenwaldes aktiv zu werden, gründete der junge Mendes gemeinsam mit einigen Mitstreiter*innen 1975 die Gewerkschaft der Kautschukzapfer*innen. Zu jener Zeit herrschte in Brasilien eine Militärdiktatur, die jede Form von Aktivismus als Bedrohung ansah. Obwohl die Gewerkschaft stets auf friedlichen zivilen Ungehorsam setzte, wurde Mendes mehrmals verhaftet und inhaftiert. Nach dem Ende der Diktatur reiste er 1987 auf Einladung verschiedener Umweltgerechtigkeitsorganisationen in die USA, um dort bei der einflussreichen Weltbank und anderen Organisationen für die Einrichtung sogenannter ›extraktiver Reserven‹ zu werben. Dabei handelt es sich um gemeinsam verwaltetes, öffentliches Land, auf dem Kautschukzapfer*innen, Paranusssammler*innen und andere Berufsgruppen ihrer Arbeit nachgehen können, ohne eine Enteignung durch Großgrundbesitzer*innen fürchten zu müssen. Noch stieß seine Vision allerdings nur auf wenig Gehör. Im darauffolgenden Jahr erfuhr Mendes, dass der Großgrundbesitzer Darly Alves da Silva Teile einer Kautschukreserve aufgekauft hatte, auf der auch einige seiner Verwandten lebten. Obwohl der Kauf eindeutig unrechtmäßig war, plante da Silva, das Grundstück abzuholzen und in eine Ranch umzuwandeln. Gemeinsam mit den Betroffenen organisierte Mendes eine politische Kampagne, um den Landraub zu verhindern. Durch Straßenblockaden und politisches Lobbying konnte da Silvas Vorhaben letztendlich erfolgreich gestoppt werden. Doch Mendes' Aktivismus kostete ihn diese Mal das Leben. Am 22. Dezember 1988 wurde er in seinem Haus von da Silvas Sohn erschossen. In den Jahren nach seinem Tod erfuhr die Bewegung der Kautschukzapfer*innen eine nie dagewesene Welle der internationalen Solidarität. Paul McCartney widmete Mendes ein Lied, Spendengelder wurden gesammelt und die Bewegung errang bedeutende Siege, darunter die Anerkennung der Landrechte der Indigenen Kayapo und Yanomani.

Besonders stolz wäre Mendes wohl, wenn er erführe, dass die Regierung nach dem Ende der Militärdiktatur seine Idee aufnahm und zahlreiche extraktive Reserven einrichten ließ. Eine dieser Reserven in Mendes' Heimatbundesland Acre trägt bis heute seinen Namen.

Ogoniland, Nigeria, 1993

In Nigeria nahm es die Umweltgerechtigkeitsbewegung mit der allmächtigen Ölindustrie auf. Multinationale Konzerne wie Shell hatten bereits in den 1950er-Jahren begonnen, im Nigerdelta Öl zu fördern, einer großen und kulturell diversen Region, in der heute ca. 30 Millionen Menschen leben. Seither häuften sich dort auch Menschenrechtsverletzungen und Umweltverbrechen. Tausende Menschen wurden von ihrem Land vertrieben, um Platz für die Errichtung von Ölinfrastruktur zu schaffen. Verschmutzungen durch Pipelinelecks verseuchten ganze Landstriche. Erdgas, welches im Prozess der Ölförderung als Begleitgas entweicht, wurde von den produzierenden Firmen häufig einfach vor Ort abgefackelt, was dazu führte, dass das Nigerdelta zwischenzeitlich zur weltweit größten CO_2-Quelle überhaupt wurde. Zu den betroffenen Communitys zählten unter anderem die Ogoni, die für ihren Lebensunterhalt traditionell auf die Landwirtschaft angewiesen waren. Die Felder der Ogoni wurden durch die Umweltverschmutzung unfruchtbar und ihre Fischbestände starben in den verschmutzten Gewässern ab. Das Verbrennen des Begleitgases führte regelmäßig zu saurem Regen. Während Konzerne wie Shell Milliardengewinne einfuhren, wurde die Ölförderung für die Menschen, die buchstäblich auf den Ölvorkommen lebten, zum Fluch. Die Ogoni, die Jahrzehnte zuvor bereits einen langen und erbitterten Kampf gegen die britische Kolonialherrschaft geführt hatten, begannen, sich zu organisieren und gegen die Verbrechen der Ölindustrie zu protestieren. 1990 gründeten sie die Organisation *Movement for the Survival of the Ogoni People*, kurz MOSOP, die sich für die politische Mitbestimmung und die Wahrung der Menschenrechte der Ogoni einsetzte. 1993 rief die Bewegung zu einer großen Demonstration auf. Mehr als 300.000 Menschen – Schätzungen zufolge mehr als die Hälfte aller Ogoni überhaupt – schlossen sich den friedlichen Protesten an.

Die Demonstration erregte internationale Aufmerksamkeit und zwang den Ölriesen Shell dazu, seine Produktion in Ogoniland kurzfristig einzustellen. Doch die nigerianische Militärdiktatur, die eng mit den Ölkonzernen kooperierte, reagierte auf den Protest mit einem brutalen Vergeltungsschlag. Sie ordnete eine Polizeioperation an, die Hunderte Todesopfer forderte und Zehntausende Menschen vertrieb. Die Anführer*innen der

Bewegung, darunter der MOSOP-Vorsitzende und Träger des Alternativen Nobelpreises, Ken Saro-Wiwa, wurden in einem Schauprozess zum Tode verurteilt und erhängt. Ähnlich wie den Ogoni erging es auch anderen Volksgruppen, wie zum Beispiel den Ijaw, die es wagten, sich gegen die Verbrechen der Ölkonzerne aufzulehnen. So konnte die lokale Bevölkerung zwar im Laufe der Zeit immer wieder kleine Erfolge erringen, doch noch immer ist das Nigerdelta ein Ort der Umweltzerstörung und der sozialen Ungerechtigkeit.

Bali und die Erfindung der Klimagerechtigkeit

Das weltweite Bekanntwerden von sozial-ökologischen Kämpfen in Ländern wie Indien, Brasilien und Nigeria führte dazu, dass die Umweltgerechtigkeitsbewegung in den 1990er-Jahren begann, sich zunehmend als eine globale Bewegung zu verstehen und ihre eigenen Grundsätze und Prinzipien zu entwickeln. Vom 24. bis 27. Januar 1991 fand in der US-amerikanischen Hauptstadt Washington der erste *National People of Color Environmental Leadership Summit* statt, ein Gipfeltreffen, das Vertreter*innen der Umweltgerechtigkeitsbewegung aus dem ganzen Land zusammenbrachte. Das Resultat des Gipfels war die Veröffentlichung der 17 *Prinzipien der Umweltgerechtigkeit* (›environmental justice‹).[17] Seit ihrer Veröffentlichung gelten die Prinzipien als einer der definierenden Texte der Umweltgerechtigkeitsbewegung. In Anlehnung an die Präambel der US-amerikanischen Verfassung (»We, the People ...«) beginnen die Prinzipien mit dem Satz:

17 »We, the people of color, gathered together at this multinational *People of Color Environmental Leadership Summit*, to begin to build a national and international movement of all peoples of color to fight the destruction and taking of our lands and communities, do hereby re-establish our spiritual interdependence to the sacredness of our Mother Earth; to respect and celebrate each of our cultures, languages and beliefs about the natural world and our roles in healing ourselves; to ensure environmental justice; to promote economic alternatives which would contribute to the development of environmentally safe livelihoods; and, to secure our political, economic and cultural liberation that has been denied for over 500 years of colonization and oppression, resulting in the poisoning of our communities and land and the genocide of our peoples, do affirm and adopt these Principles of Environmental Justice: [...]« Zitiert aus: Principles of Environmental Justice (1991). https://www.ejnet.org/ej/principles.html (28.11.2020)

»Wir People of Color, die wir gemeinsam auf diesem multinationalen *People of Color Environmental Leadership Summit* versammelt sind, um mit dem Aufbau einer nationalen und internationalen Bewegung aller People of Color zu beginnen und gegen die Zerstörung und Inbesitznahme unseres Landes und unserer Communitys zu kämpfen, stellen hiermit unsere gegenseitige Abhängigkeit von der Unverletzlichkeit der Mutter Erde wieder her; um jede einzelne unserer Kulturen, Sprachen, Sichtweisen auf die Natur sowie unsere Rollen im Heilungsprozess zu respektieren und zu zelebrieren; um Umweltgerechtigkeit zu gewährleisten; um ökonomische Alternativen zu fördern, die zur Sicherung unserer Lebensgrundlagen beitragen; und um die politische, wirtschaftliche und kulturelle Befreiung sicherzustellen, die uns seit über 500 Jahren der Kolonisierung und Ausbeutung verwehrt wird, die zur Vergiftung unserer Communitys und unseres Landes und im Massenmord an unseren Völkern führte, bestätigen und nehmen wir hiermit die folgenden Prinzipien der Umweltgerechtigkeit an: [...]«[18]

Zu den 17 Prinzipien der Umweltgerechtigkeit zählen unter anderem die Forderung nach dem sofortigen Stopp der Produktion von toxischen und radioaktiven Materialien (Prinzip 6), das Recht auf einen sicheren und nachhaltigen Arbeitsplatz (Prinzip 7), die Anerkennung von Umweltverbrechen als Verbrechen an der Menschlichkeit (Prinzip 10) sowie die Verurteilung von Landraub, militärischen Besatzungen und der Ausbeutung von Land, Menschen, Kulturen und anderen Lebensformen.

In den 1990er-Jahren zeichnete sich insbesondere die Klimakrise immer mehr als eine der entscheidenden Umweltkrisen der kommenden Jahre ab. Die internationale Staatengemeinschaft beschäftigte sich auf der Umwelt- und Entwicklungskonferenz 1992 in Rio de Janeiro und auf dem Weltklimagipfel 1997 in Kyoto intensiv mit der rapiden Akkumulation von Treibhausgasemissionen in der Erdatmosphäre und ihre katastrophalen Folgen. Parallel dazu wurde der Klimawandel neben klassischen Themen wie Wasser- und Luftverschmutzung, Umweltrassismus und Indigener Souveränität auch zunehmend zu einem wichtigen Thema der Umweltgerechtigkeitsbewegung.[19]

---

18 Sofern keine andere Quelle angegeben ist handelt es sich bei den Übersetzungen um Eigenübersetzungen des Autors.

19 Als eine*r der ersten Aktivist*innen formulierte der langjährige Direktor des *Indigenous Environmental Network* (IEN), Tom Goldtooth, damals die Forderung nach *Klimagerechtigkeit*. Siehe Tokar, Brian (2013): Movements for Climate Justice in

Aus den Prinzipien der Umweltgerechtigkeit gingen nur wenige Jahre später die 27 Prinzipien der Klimagerechtigkeit hervor, die 2002 als *Bali Principles of Climate Justice* verabschiedet wurden.[20] Diesmal waren nicht nur Umweltgruppen aus den USA am Gestaltungsprozess beteiligt, sondern Akteure aus aller Welt. Darunter befanden sich sowohl große Umweltgerechtigkeitsgruppen wie *Friends of the Earth*[21] als auch Indigene Aktivist*innen und verschiedene Organisationen der indischen, malaysischen und uruguayischen Umweltbewegung. Die Bali-Prinzipien etablierten erstmals wichtige Forderungen, die bis heute die Klimagerechtigkeitsbewegung prägen. So fordert das Dokument einen sofortigen Baustopp für neue fossile Infrastruktur (Prinzip 10) und die Anerkennung der ökologischen Schulden der Industrieländer und großer multinationaler Unternehmen (Prinzip 7, 8, 9). Es betont die Rolle der Jugend als wichtigem Partner im Kampf gegen den Klimawandel (Prinzip 23) sowie die Rechte zukünftiger Generationen, auf einem lebenswerten Planeten zu leben (Prinzip 27). Eine weitere prominente Forderung ist, dass Indigene und betroffene Communitys auf nationaler und internationaler Ebene eine führende Rolle im Kampf gegen den Klimawandel spielen (Prinzip 3, Prinzip 5). Außerdem warnen die Bali-Prinzipien vor marktorientierten und technologischen Lösungen zur Klimakrise wie dem Emissionshandel und Geoengineering.[22] Diese Lösungsansätze, so wird in Prinzip 13 gefordert, müssten stets mit demokratischer Kontrolle, sozialer Gerechtigkeit und Nachhaltigkeit verbunden werden.

Neben den Bali-Prinzipien war ein weiterer grundlegender Text dafür verantwortlich, den Begriff der Klimagerechtigkeit innerhalb der sozialen Bewegungen zu etablieren: der 1999 veröffentlichte Report *Greenhouse Gangsters vs. Climate Justice* (›Treibhausgas-Gangster versus Klimagerechtigkeit‹).[23] In der übersichtlich gestalteten und mit Karikaturen

---

the US and worldwide. In: Dietz, Matthias und Heiko Garrelts (Hg.): *Routledge Handbook of the Climate Change Movement*. London: Routledge 2013.

20 Die *Bali Principles of Climate Justice* können auf der Website des *Energy Justice Network* heruntergeladen werden: https://www.ejnet.org/ej/bali.pdf (28.11.2020)

21 Das deutsche Mitglied im *Netzwerk Friends of the Earth International* ist im Übrigen der Bund für Umwelt und Naturschutz Deutschland e.V. (BUND).

22 Emissionshandel und Geoengineering werden in Kapitel 3 näher besprochen.

23 Der Politologe Matthias Dietz schreibt über den Report: »This relatively unknown piece from 1999 had a huge impact on the climate movement. The report by the NGO CorpWatch is the origin of the term and concept ›climate justice‹, starting a public debate. It is impressive how similar the original definition is to its current use

illustrierten Reportage prangern Kenny Bruno, Joshua Karliner and China Brotsky, drei Autoren aus der Umweltgerechtigkeitsbewegung, die Verbrechen der Ölindustrie in verschiedenen Ländern an. Sie bezichtigen die großen Ölkonzerne der organisierten Plünderung des Planeten und fordern eine sofortige drastische Reduktion der CO_2-Emissionen.[24]

Akademiker*innen for Climate Justice?

An den Universitäten nahm die Debatte um Klimagerechtigkeit in den 1990er-Jahren ebenfalls Fahrt auf. In der indischen Hauptstadt Neu-Delhi formierte sich eine Gruppe von Forscher*innen um Anil Agarwal und Sunita Narain am *Centre for Science and Environment*, die sich intensiv mit Gerechtigkeitsperspektiven auf Umwelt- und Klimafragen auseinandersetzten. 1991 veröffentlichten Agarwal und Narain den Aufsatz *Global Warming in an Unequal World: A Case of Environmental Colonialism*, der inzwischen zu einem Klassiker der Klimagerechtigkeitsliteratur geworden ist.[25] In dem Aufsatz argumentieren die Autor*innen, die Abwälzung der Klimakrise durch Industrienationen auf weniger entwickelte Länder komme einem »Umweltkolonialismus« gleich. Agarwal und Narain verteidigen die Ansicht, dass nicht alle CO_2-Emissionen moralisch gleich zu bewerten sind. Viele Menschen seien nämlich mangels nachhaltiger Alternativen zum Überleben auf gewisse Emissionen angewiesen, etwa zum Kochen und Heizen. Agarwal und Narain nennen diese überlebenswichtigen Emissionen »Überlebensemissionen« (*survival emissions*). Demgegenüber stehen Emissionen, die durchaus vermeidbar sind, sogenannte »Luxusemissionen«. Die Autor*innen werfen den westlichen Ländern vor, in einer unfairen Rechnung die Luxusemissionen des Westens und die Überlebensemissionen anderer Länder gegeneinander aufzuwiegen:

---

and that the concept, which added a new dimension to the understanding of climate change, stemmed from a single NGO. « [Dietz, Matthias (2014): Top ten books on the climate justice movement. *The Guardian*, Web. https://www.theguardian.com/global-development-professionals-network/2014/jul/29/climate-change-movement-books (07.01.2021)]

24 Der Report kann auf der Website der kalifornischen NGO CorpWatch heruntergeladen werden: http://www.corpwatch.org/sites/default/files/Greenhouse%20Gangsters.pdf (28.11.2020)

25 Agarwal, Anil und Sunita Narain (1991): *Global Warming in an Unequal World*. Neu-Delhi: Centre for Science and Environment.

»Können wir wirklich die Kohlendioxidbeträge benzinfressender Automobile in Europa, Nordamerika oder auch irgendeines Landes in der Dritten Welt mit den Methanemissionen von Zugvieh und Reisfeldern der Subsistenzbauern in Westbengalen oder Thailand gleichsetzen?«[26]

Der Aufsatz von Agarwal und Narain wurde auch im Westen aufgegriffen, unter anderem von dem damals bekanntesten Klimagerechtigkeitstheoretiker Henry Shue, einem Professor an der Universität Oxford. In einem Aufsatz von 1993 entwickelte Shue die Unterscheidung zwischen Überlebens- und Luxusemissionen weiter[27]. Es ist eine Ironie der Geschichte, dass heutzutage oft Shue, der *weiße*, männliche Wissenschaftler aus Oxford, als Urheber dieser Konzepte zitiert wird. Der von Agarwal, Narain, Shue und anderen Autor*innen angestoßene akademische Diskurs zum Thema Klimagerechtigkeit hat sich seither in viele Richtungen weiterentwickelt. Durch Autoren wie Steven Gardiner, Steven Vanderheiden, Darrel Moellendorf und Dale Jamieson wurde das Feld der Klimaethik zu einer wichtigen philosophischen, politischen und ökonomischen Disziplin. Die meisten dieser Autoren (und tatsächlich sind es fast nur Männer) verstanden Klimagerechtigkeit zunächst in erster Linie als ein Problem der politischen Steuerung und richteten ihre Bücher, explizit oder implizit, an ein Fachpublikum und an politische Entscheidungsträger*innen. Immer wieder geht es in ihren frühen Texten beispielsweise darum, wie ein gerechter internationaler Klimavertrag im Detail aussehen sollte. Nur selten stellte die frühe Klimaethik die politische und wirtschaftliche Ordnung selbst infrage.

Diesem Ansatz standen viele Akteure der Umweltgerechtigkeitsbewegung skeptisch gegenüber. Sie sahen in dem zunehmend verwendeten Begriff der Klimagerechtigkeit eine gefährliche akademische Abstraktion.[28] Gerade weil der Begriff der Klimagerechtigkeit das Problem rhetorisch in die Atmosphäre verlagere, so argumentierten die Kritiker*innen, könne er missbraucht werden, um marktwirtschaftliche und technologische Scheinlösungen zu rechtfertigen, die jedoch die wahren Kosten der Klimakrise

26 Ebd, S.3. Die Übersetzung ist dem folgenden Buch entnommen: Malm, Andreas (2020): Wie man eine Pipeline in die Luft jagt. Berlin: Matthes & Seitz.

27 Shue, Henry (1993): Subsistence Emissions and Luxury Emissions. In: *Law & Policy* 15(1). S. 39-60.

28 Schlosberg, David und Lisette B. Collins (2014): From environmental to climate justice: climate change and the discourse of environmental justice. *WIREs Climate Change* 5. S. 359-374.

wieder nur auf ohnehin schon marginalisierte Gesellschaftsschichten abwälzen würden.[29] Die Kritiker*innen setzten sich daher für die Beibehaltung eines umfassenderen Umweltgerechtigkeitsbegriffes ein. Bis heute besteht diese Spaltung teilweise fort.

Dennoch wurde das Konzept der Klimagerechtigkeit auch unter Aktivist*innen immer populärer. Eine entscheidende Rolle in dieser Entwicklung spielte der verheerende Hurrikan Katrina im Sommer des Jahres 2005. Besonders betroffen von Katrina war die Stadt New Orleans im US-amerikanischen Bundesstaat Louisiana, eine Metropole mit den Ausmaßen Berlins.[30] Als der Zyklon dort das amerikanische Festland erreichte, brachen wichtige Dämme und Schutzwälle, woraufhin große Teile von New Orleans und Umgebung überschwemmt wurden. Die Flut zerstörte knapp eine Million Häuser, Tausende Menschen verloren ihr Leben. Bilder von Menschen, die tagelang auf ihren Hausdächern ausharrten und auf ihre Evakuierung warteten, gingen um die Welt. Mehr als 25.000 Menschen waren für mehrere Tage ohne ausreichend Wasser und Essen in der Hitze des Superdomes, dem Football-Stadion der Stadt, gefangen. Derweil verbrachte der amtierende Präsident George W. Bush gemütliche Ferientage in seiner Heimat Texas.

Wieder waren es People of Color, die von der Naturkatastrophe und der Politik der Regierung am stärksten betroffen waren. Schon vor der Katastrophe hatte New Orleans zu den ärmsten Städten der USA gezählt. Während die im Durchschnitt wesentlich wohlhabendere *weiße* Bevölkerung jedoch in der Regel in höherliegenden und somit besser vor den Wassermassen geschützten Stadtteilen lebte, waren Communities of Color den Überschwemmungen oft hilflos ausgesetzt. Die Wahrscheinlichkeit, das eigene Haus zu verlieren, war für Schwarze Menschen während Katrina dreimal so hoch wie für ihre *weißen* Nachbar*innen.

Zudem wurde die wohlhabende Bevölkerung bei der Evakuierung systematisch bevorzugt und hatte es wesentlich einfacher, in anderen Bundesstaaten unterzukommen. Rassismus prägte auch die Berichterstattung über die Krise. Wie die Politikwissenschaftlerin Rebecca Solnit in ihrem Buch *A Paradise Built in Hell* beschreibt, fantasierten die Medien in den

---

29 Für eine vertiefte Diskussion von CO_2-Steuer und Geoengineering, siehe Kapitel 3 unter dem Stichpunkt ›Klimaschutz und Neoliberalismus‹.

30 New Orleans hat jedoch eine wesentlich geringere Bevölkerungsdichte als Berlin, sodass die Einwohner*innenzahl insgesamt erheblich niedriger ist.

Tagen nach der Katastrophe zahlreiche Berichte von Plünderungen durch Schwarze Jugendliche herbei.[31] Gleichzeitig machten vor Ort rassistische Milizen Jagd auf Schwarze. Im Stadtteil Algiers Point beispielsweise wurden Dutzende Schwarze Männer von *weißen* Bürgerwehren hingerichtet. Auch Hinrichtungen zahlreicher vermeintlicher ›Plünderer‹ durch das herbeigerufene Militär sind bis heute unaufgeklärt.

Nachdem die Katastrophe von New Orleans die Ungerechtigkeitsdimension klimawandelbedingter Naturkatastrophen nur allzu deutlich aufgezeigt hatte, begannen sich immer mehr Akteure der Umweltgerechtigkeitsbewegung explizit mit der Klimakrise auseinanderzusetzen. Eine der größten Mobilisierungen zum Thema Klimagerechtigkeit fand 2009 im Rahmen des UN-Klimagipfels im dänischen Kopenhagen statt. Zu den federführenden Organisationen gehörten dabei die Koalitionen *Climate Justice Now!* (CJN!), eine weltweite Allianz von Klimagerechtigkeitsbewegungen, und *Climate Justice Action* (CJA), ein transnationales Netzwerk des zivilen Ungehorsams.[32] Während sich auf der Konferenz Politiker*innen wie Barack Obama, Angela Merkel, Gordon Brown und der Chinesische Premier Wen Jiabao nicht auf ein verbindliches Abkommen einigen konnten, gingen 100.000 Menschen in der dänischen Hauptstadt auf die Straße und forderten lauthals »Climate Justice« und »System Change not Climate Change«. Im Rahmen der Proteste kam es auch zu Aktionen zivilen Ungehorsams, bei denen rund 700 Menschen von der Polizei verhaftet wurden.[33] Aus den Protesten in Kopenhagen wiederum erwuchsen zahlreiche nationale und internationale Netzwerke und Aktionsbündnisse. Im April 2010 fand in Bolivien die *World People's Conference on Climate Change* statt, ein Gegengipfel, der 30.000 Teilnehmer*innen aus allen Erdteilen zusammenbrachte und in der *Allgemeinen Erklärung der Rechte der Mutter Erde* gipfelte.[34] Darüber hinaus forderten die Delegierten die Einrichtung

31 Solnit, Rebecca (2009): *A Paradise Built in Hell: The Communities That Arise in Disaster*. New York: Penguin.

32 Die Mitglieder von CJN! hatten sich 2007 in Bali von der 1989 gegründeten Allianz CAN (Climate Action Now) abgespalten, der sie vorwarfen, Großkonzernen und den Industrienationen des globalen Nordens nicht kritisch genug zu begegnen.

33 Van der Zee, Bibi und Robin McKie (2009): Hundreds arrested at Copenhagen protest rally. *The Guardian*. https://www.theguardian.com/environment/2009/dec/12/hundreds-arrested-copenhagen-protest-rally (28.11.2020)

34 Die *Erklärung der Rechte der Mutter Erde* kann unter dem folgenden Link in neun verschiedenen Sprachen heruntergeladen werden: https://www.rightsofmotherearth.com/declaration (28.11.2020)

eines internationalen Klimagerichtshofes und die Durchführung eines weltweiten Klimareferendums.

In Deutschland, wo seit 2007 Klimacamps stattfanden, formierte sich in den Jahren nach Kopenhagen eine schlagkräftige Klimagerechtigkeitsbewegung. 2012 besetzten Aktivist*innen zum ersten Mal den Hambacher Forst, ein durch einen Tagebau des Betreibers RWE bedrohtes Waldstück im rheinischen Kohlerevier. Damit begann eine jahrelange Auseinandersetzung, die 2019 ihren Höhepunkt erreichte, als 50.000 Menschen solidarisch gegen die Räumung und Rodung des Forstes demonstrierten. Im rheinischen Braunkohlerevier fand 2015 auch die erste Aktion des Aktionsbündnisses *Ende Gelände* statt, welches seither jedes Jahr mit spektakulären Besetzungsaktionen in den Braunkohleabbaugebieten in der Lausitz und in Nordrhein-Westfalen Aufsehen erregt. Stets in Maleranzügen gekleidet, sind die Aktivist*innen von Ende Gelände inzwischen zu einer Art Markenzeichen der deutschen Klimagerechtigkeitsbewegung geworden.

Die ersten Aktionen von Ende Gelände fielen zusammen mit der Verabschiedung des Pariser Klimaabkommens. In der französischen Hauptstadt beschlossen die Delegierten der UN-Klimakonferenz im Dezember 2015 zum ersten Mal einen ambitionierten und völkerrechtlich bindenden Vertrag, der vorsieht, die menschengemachte globale Erderwärmung auf 2 Grad Celsius (möglichst aber 1,5 Grad Celsius) gegenüber den vorindustriellen Werten zu beschränken. Auch dieser Meilenstein konnte nur durch massiven öffentlichen Druck erreicht werden – so ging dem Abkommen der erste weltweite Klimamarsch 2014 in New York City voraus, im Rahmen dessen mehr als 600.000 Menschen weltweit für mehr Klimaschutz und Klimagerechtigkeit auf die Straße gingen.

Von Teilen der Zivilgesellschaft und der Klimabewegung wurde das Pariser Abkommen als wichtiger internationaler Durchbruch gefeiert. Optimistische Stimmen jubelten, es gäbe nun endlich bindende internationale Klimaziele, für deren Erreichung man die nationalen Regierungen in die Verantwortung nehmen könne. Gleichzeitig stieß das Abkommen von Paris aber auch auf Kritik aus der Bewegung. Klimagerechtigkeitsinitiativen kritisierten, dass das Abkommen die Problematik der Klimaungerechtigkeit zwar erwähne und anerkenne, aber wenig zu deren Lösung beitrage. Die im Vertrag festgelegten Ziele seien viel zu abstrakt formuliert. Andere bemängelten, dass das Abkommen nicht ambitioniert genug sei. Schon bei einer durchschnittlichen Erderwärmung von 1,5 oder sogar 2° Celsius würden nämlich viele Menschen in tiefliegende Regionen und Inselstaaten mit hoher Wahrscheinlichkeit ihr Leben und ihre Heimat verlieren. Außerdem könnten auch bei einer Erderwärmung von ›nur‹ 2° Celsius bereits gefährliche Kippunkte im Klimasystem überschritten werden. Dabei handelt es sich um Prozesse wie das Abschmelzen des grönländischen Eisschilds oder das Austrocknen des brasilianischen Amazonasregenwalds, die ab einem gewissen Zeitpunkt nicht mehr rückgängig gemacht werden können, aber die Klimakrise mit hoher Wahrscheinlichkeit noch lange weiter befeuern würden. Die menschengemachte Erderhitzung könnte so im schlimmsten Fall eine eigene Dynamik entwickeln und sich der menschlichen Kontrolle entziehen.

Die unterschiedlichen Reaktionen auf das Pariser Klimaabkommen ließen einmal mehr den Riss zutage treten, der schon zwischen der Umweltbewegung und der Umweltgerechtigkeitsbewegung des 20. Jahrhunderts bestand. Auf der einen Seite der Debatte steht der ›Klimaschutz-Flügel‹ der Bewegung, der auf die inhaltliche und strategische Trennung von Klima- und Gerechtigkeitsfragen pocht und sich in erster Linie für die Umsetzung des Abkommens im Rahmen der bestehenden politischen Strukturen einsetzt. Ihm gegenüber, und gleichzeitig an seiner Seite, steht die radikale Klimagerechtigkeitsbewegung, deren Ziel es ist, die bestehenden politischen und sozialen Strukturen an sich aufzubrechen, um eine radikale soziale und ökologische Wende zu ermöglichen. Eine der Herausforderungen der kommenden Jahre wird sein, wie die Bewegung unter dem Schlagwort Klimagerechtigkeit zusammenfinden und eine breite gesellschaftliche Mehrheit mobilisieren kann, ohne an Radikalität einzubüßen. Die Tatsache, dass trotz der Verabschiedung des Pariser Klimaabkommens die globalen CO_2-Emissionen bislang immer weiter anstiegen, gibt nämlich zunächst einmal jenen Recht, die darauf verweisen, dass Klimagerechtigkeit innerhalb der bestehenden Strukturen nicht zu realisieren ist.

Auch für die akademische Klimaethik bedeutete das Pariser Klimaabkommen einen Einschnitt. Der lange herbeigesehnte internationale Klimavertrag lag nun endlich vor. Einige Philosoph*innen machten es umgehend zu ihrer Aufgabe, einzelne Aspekte des Pariser Klimavertrags näher zu definieren und zu analysieren: Welche impliziten Prinzipien der Klimagerechtigkeit ließen sich in das Abkommen hineinlesen?[35] Wie könnten die

35 Okereke, Chukwumerije und Philip Coventry (2016): Climate justice and the international regime: before, during, and after Paris. In: *WIREs Climate Change*, Volume 7, Issue 6. S. 834-851.

im Pariser Abkommen festgelegten Finanzierungsmechanismen gerechter gestaltet werden?[36] Für andere war das Thema Klimagerechtigkeit nach dem Pariser Abkommen gänzlich Vergangenheit – von nun an ginge es nur noch um die Umsetzung des Abkommens.[37]

Ein Problem konnte freilich auch der Pariser Klimavertrag nicht ausräumen: Die Tatsache, dass selbst die jahrzehntelange intellektuelle Auseinandersetzung mit dem Thema Klimagerechtigkeit keinerlei Auswirkungen auf die harten naturwissenschaftlichen Fakten zu haben schien. Jahre des Forschens, Erklärens und Aufrüttelns gingen weiter spurlos an der Welt vorbei, während die weltweiten Treibhausgasemissionen kontinuierlich anstiegen. Das Lager derjenigen begann zu wachsen, die die Tendenz, Klimagerechtigkeit primär als ein Problem des politischen Managements und der normativen Verständigung zu sehen, infrage stellten.[38] Stattdessen orientiert sich eine steigende Zahl von Forschungsarbeiten inzwischen ganz konkret an den Forderungen, Erfahrungen und dem Wissen real existierender Bewegungen für Klimagerechtigkeit und für eine sozial-ökologische Revolution. Einige dieser Ansätze werden wir im Laufe der nächsten Kapitel näher betrachten.

Klimagerechtigkeit: Bewegung, nicht Zustand.

Eines können wir aus den vergeblichen Versuchen der Klimaethiker*innen, Klimagerechtigkeit als politisch-ethisches Prinzip oder gar als Komponente eines UN-Klimavertrages zu definieren, lernen: Es ist hilfreich, Klimagerechtigkeit nicht als ein abstraktes Prinzip, sondern als eine reale *Bewegung*

36 Z.B. Sayegh, Alexandre Gajevic (2017): Climate justice after Paris: a normative framework. In: *Journal of Global Ethics*, Volume 13, Issue 3. S. 344-365

37 Z.B. Brülde, Bengt und Eric Brandstedt (2019): Towards a Theory of Pure Procedural Climate Justice. In: *Journal of Applied Philosophy*, 36(5). S. 785-799.

38 Diese Einsicht reflektiert beispielsweise Andreas Niederberger in einem Aufsatz aus dem Jahr 2013. Niederberger schreibt: »The debate on climate justice has to become reflexive and it must discuss its own function for global, international and national politics. This reflective turn also includes the investigation of links between capitalism and climate change (...). In this sense a comprehensive theory of climate justice is still to be developed – and this will only be convincingly possible by talking and arguing with all citizens worldwide and especially with all the important actors in the conflicts about the global strategy for dealing with climate change« Zitiert aus: Niederberger, Andreas (2013): Climate Justice from the Perspective of Philosophy. In: Dietz, Matthias und Heiko Garrelts (Hg.): *Routledge Handbook of the Climate Change Movement*. London: Routledge 2013.

zu betrachten, die nicht weniger als die Aufhebung der Klimakrise und der Klimaungerechtigkeit zum Ziel hat. Klimagerechtigkeit ist aus dieser Perspektive weniger ein ›Ding‹ als vielmehr ein Horizont in einer sich ständig wandelnden Welt. Tadzio Müller, Referent für Klimagerechtigkeit der Rosa-Luxemburg-Stiftung, bringt diese Schlussfolgerung in einem Artikel gut auf den Punkt:

> »Klimagerechtigkeit ist weniger ein Zustand – sprich: die gerechte Verteilung der Kosten einer möglichen Lösung der Klimakrise – als ein Prozess: nämlich der Prozess des Kampfes gegen die gesellschaftlichen Strukturen, die Klimaungerechtigkeit verursachen. Nimmt man diese breite Definition des Begriffes ernst, ist es sogar so, dass ein Großteil der Kämpfe für Klimagerechtigkeit gar nicht unbedingt unter der Fahne der Klimagerechtigkeit segelt, sondern vor allem Kämpfe um Land, Wasser und andere Grundbedürfnisse und für Menschenrechte darstellt.«[39]

Ein solches Verständnis von Klimagerechtigkeit als Prozess der Überwindung der Klimaungerechtigkeit und der Klimakrise liegt den restlichen Kapiteln zugrunde, die sich im Folgenden mit zwei wesentlichen Fragen befassen: Welche gesellschaftlichen Strukturen sind es überhaupt, die Klimakrise und Klimaungerechtigkeit verursachen? Und wie lassen sich diese Strukturen am effektivsten in Angriff nehmen?

39 Müller, Tadzio (2020): Es wird langsam Zeit. *Rosa Luxemburg Stiftung*. https://www.rosalux.de/news/id/42340/es-wird-langsam-zeit (28.11.2020)

Kapitel 2:
Klima, Kolonialismus und Rassismus

Die Dritte Welt steht heute als eine kolossale Masse Europa gegenüber; ihr Ziel muss es sein, die Probleme zu lösen, die dieses Europa nicht hat lösen können.

Frantz Fanon[40]

Kolumbus und die kleine Eiszeit

In ihrer Komplexität gleicht die Klimakrise gelegentlich einem riesigen Wollknäuel, in dem sich unzählige rote Fäden, Geschichten und Schicksale ineinander verschlingen. Vielleicht werden wir diesen gigantischen Knoten nie abschließend entwirren können. Doch wenn wir es zumindest versuchen wollen, so lohnt es sich, zumindest einmal die verschiedenen Fadenenden aufzuspüren, ihren Verlauf nachzuverfolgen und so die Beschaffenheit des Wollknäuels besser zu verstehen.

Eines der längsten und ältesten losen Enden, das aus dem Wollknäuel herausschaut, ist wohl die Geschichte des Kolonialismus. Sie beginnt, folgen wir einer beliebten Erzählung, an einem unscheinbaren Herbstfreitag im Jahr 1492. An jenem 12. Oktober legten der gottesfürchtige und hochverschuldete genuesische Seefahrer Cristoforo Colombo und seine Mannschaft zum ersten Mal auf den karibischen Bahamas-Inseln an. Auf der Suche nach Gold (er war wirklich hoch verschuldet) war Kolumbus von Spanien aus wochenlang gen Westen gesegelt. Das erwartete Gold fand Kolumbus, der sich bis zu seinem Tode im Glauben wähnte, einen

40 Fanon, Frantz (1966): *Die Verdammten dieser Erde*. Frankfurt a.M.: Suhrkamp. S. 241.

Seeweg ins ferne China[41] gefunden zu haben, zwar auch auf drei weiteren Reisen entlang der von ihm ›entdeckten‹ Route nicht vor. Doch mit seinen ›Expeditionen‹[42] brachte er einen Stein ins Rollen, der schon bald zu einer tödlichen Lawine wurde. Nicht nur brachten die Europäer*inne, die sich der Suche nach den Reichtümern der ›neuen Welt‹ anschlossen, zahlreiche tödliche Krankheiten mit sich, darunter Pocken, Masern, Grippe und Beulenpest. In einem beispiellosen Genozid versklavten und ermordeten sie auch systematisch die Menschen, denen sie begegneten. Das schiere Ausmaß des politischen und sozialen Erdbebens, welches das Zeitalter des Kolonialismus für weite Teile der Welt bedeutete, lässt sich nur schwer in Worte fassen. Einer neuen Studie zufolge starben infolge der europäischen Invasion des amerikanischen Kontinents in nur 100 Jahren ca. 56 Millionen Menschen – 90 % der Indigenen Bevölkerung der Amerikas und fast zehn Prozent der Weltbevölkerung.[43] Der ›Kolumbianische Austausch‹ hatte auch drastische Auswirkungen auf die Ökosysteme der Welt.[44] Die Europäer*innen, die 1492 in der Karibik anlegten, begegneten zahlreichen bis dato unbekannten Arten, darunter Tabak, Tomaten, Kartoffeln und Mais. Ihre amerikanischen Gegenüber hingegen hatten noch nie etwas von Pferden, Rindern, Ziegen, Zwiebeln, Kaffee und Bananen gehört. Es begann das Zeitalter der biologischen Globalisierung.

Die spanische Invasion der Amerikas trug auch spürbar zur damals beginnenden, letzten bedeutenden globalen Klimakrise bei, der sogenannten *kleinen Eiszeit*. Das rapide Sterben der menschlichen Bevölkerung Nordamerikas und die Einführung neuer Spezies überließen nämlich riesige Landstriche der Wildnis, was nach Ansicht einiger Geograf*innen und Naturwissenschaftler*innen den damals weltweit anhaltenden Kühlungstrend noch verstärkte.[45] Zwischen 1400 und 1800 sank der globale Temperaturdurchschnitt abrupt um zeitweise 0,5 bis 1 Grad Celsius ab. Im

41 Ostasien wiederum wurde von Kolumbus' europäischen Zeitgenoss*innen gerne als »Westindien« bezeichnet, was oft für noch mehr Verwirrung sorgt.

42 Die ›Entdeckungsfahrten‹ des Kolumbus ließen sich wohl historisch akkurater als die ›kastilische Invasion der Karibik‹ bezeichnen.

43 Koch, Alexander, Chris Brierley, Mark Maslin und Simon Lewis (2019): European colonisation of the Americas killed 10% of world population and caused global cooling. *The Conversation*. Web. https://theconversation.com/european-colonisation-of-the-americas-killed-10-of-world-population-and-caused-global-cooling-110549 (28.11.2020)

44 Crosby, Alfred W. (1972): *The Columbian Exchange.* Westport: Greenwood.

45 S. Koch et al.

sogenannten ›langen 17. Jahrhundert‹ (1570–1750) erreichte das Weltklima einen vorübergehenden Tiefpunkt. Wenngleich die *kleine Eiszeit* angesichts dieser Zahlen nicht annähernd mit einer ›klassischen‹ Eiszeit vergleichbar ist, hatte die damalige Kälteperiode drastische Auswirkungen auf die sozialen und politischen Verhältnisse ihrer Zeit.[46]

Schätzungen zufolge könnte die kleine Eiszeit bis zu einem Drittel der damaligen Weltbevölkerung das Leben gekostet haben.[47] In heutige Zahlen übertragen wären das über zwei Milliarden Menschen! Die Winter der kleinen Eiszeit waren so kalt, dass die Londoner Themse im 17. Jahrhundert regelmäßig komplett zufror und die Bewohner*innen der Stadt auf dem Fluss Bars, Kioske und sogar eine Messe errichteten. An einem verschneiten Wintertag 1607 wachte der französische König Henri IV eines Morgens in seinem Pariser Schloss auf und musste zu seinem Erschrecken feststellen, dass ihm nachts sein Bart festgefroren war. Etwas weiter südlich versank das sonst so milde Spanien im Schneechaos. Sogar der bekannte Mittelmeerhafen von Marseille fror 1594 zu und konnte nicht mehr angefahren werden. Auf dem Gebiet der heutigen Westtürkei, Kurdistans und Syriens machten klirrend kalte Winter der Ernte und großen Teilen des Viehbestandes den Garaus, was zu Bauernaufständen im osmanischen Reich führte. In Europa trugen überhöhte Getreidepreise wesentlich zu dem angespannten politischen Klima bei, dass sich von 1618 bis 1648 im Dreißigjährigen Krieg entlud, der die Verwüstung weiter Teile Mitteleuropas nach sich zog. Fernab, im chinesischen Kaiserreich, löste das kalte und trockene Wetter Hungersnöte und Überflutungen aus. Die unzufriedene Landbevölkerung revoltierte und stürzte 1644 den letzten Kaiser der Ming-Dynastie.

Gleichzeitig beschleunigte die kleine Eiszeit die koloniale Expansion Europas. Wie der Schriftsteller Philipp Blom in seinem Buch *Die Welt aus den Angeln* beschreibt, wurde der Außenhandel in Krisenzeiten immer wichtiger, da viele Regionen Europas ihren Nahrungsmittelbedarf nicht mehr durch die eigene landwirtschaftliche Produktion decken konnten.[48] So kam es, dass die Bewohner*innen der kleinen Halbinsel Europa inner-

---

46 White, Sam (2012): *The Climate of Rebellion in the Early Ottoman Empire.* Cambridge: Cambridge University Press.

47 Parker, Geoffrey (2013): *Global Crisis: War, Climate Change and Catastrophe in the Seventeenth Century.* New Haven: Yale University Press. S. 24.

48 Blom, Philipp (2017): *Die Welt aus den Angeln.* München: Hanser. Auch die Anekdoten aus London, Paris und Marseille sind dem Buch von Philipp Blom entnommen.

halb weniger Jahrhunderte in nahezu alle anderen Erdteile expandierten, Siedlungen und Militärstutzpunkte errichteten und andere Weltregionen gewaltsam zum ›freien Handel‹ zwangen. Die Niederlande, die erst wenige Jahrzehnte zuvor ihre eigene Unabhängigkeit vom spanischen Königreich erkämpft hatten, stiegen, dank ihres Monopols im Getreidehandel, zur bedeutendsten europäischen Handels- und Kolonialmacht auf. Unter dem Deckmantel der ›Zivilisation‹ plünderten Unternehmungen wie die Niederländische- und später die Britische Ostindien-Kompanie rücksichtslos die Reichtümer der Welt. Die Gewinne aus dem kolonialen Handel machten Europa innerhalb weniger Jahrhunderte zum wohlhabendsten Kontinent in der Geschichte der Menschheit. Europa sei buchstäblich ein Produkt der Dritten Welt, resümierte daher einmal der legendäre postkoloniale Schriftsteller und Widerstandskämpfer Frantz Fanon.[49]

Der Begriff *Kolonialismus* beschreibt aber nicht nur eine historische Ära der Expansion und Ausbeutung, sondern auch eine globale Machtstruktur, die vielerorts in ihren Grundzügen bis heute fortbesteht.[50] In Regionen wie Kaschmir, der Westsahara oder Westpapua prägen auch heute Gewalt und Ausbeutung das Verhältnis von Kolonialist*innen und Kolonisierten, welches in der Regel mit Bezug auf eine Ideologie der zivilisatorischen und kulturellen Überlegenheit der Kolonialist*innen gerechtfertigt wird. Andernorts lebt der Kolonialismus in der Dominanz multinationaler Konzerne fort, die oft über wesentlich mehr Macht und finanzielle Mittel verfügen als die Staaten, in denen sie aktiv sind.

Zum Vermächtnis des Kolonialismus gehört auch die Erfindung des *Rassismus*, einer Ideologie, die Menschen aufgrund ihres Aussehens, ihrer Herkunft oder ihrer Kultur abwertend kategorisiert und dadurch ungleiche und ausbeuterische Verhältnisse als legitim erklärt. Seinen Ursprung hat der moderne systematische Rassismus in einem wirtschaftlichen Dilemma:

49 Fanon, S. 102.

50 Einige Autor*innen bevorzugen den Begriff *Imperialismus*, um Strukturen der Herrschaft und Ausbeutung zu beschreiben, die über eine formelle Kolonisierung hinausgehen. Der Begriff ist historisch eng mit den marxistischen Theorien von Denker*innen wie Rosa Luxemburg und Wladimir Iljitsch Lenin verknüpft und verweist in besonderer Weise auf den Zusammenhang zwischen Kapitalismus und kolonialer Expansion. Aufgrund der Komplexität des Imperialismusbegriffes, der insbesondere im Kontext der deutschen Linken vielfältige Assoziationen weckt, beschränke ich mich an dieser Stelle auf die Verwendung der Begriffe ›Kolonialismus‹ und ›koloniale Strukturen‹.

Nachdem die europäischen Kolonist*innen durch Genozid, Epidemien und Zwangsarbeit einen großen Teil der Indigenen Bevölkerung des amerikanischen Doppelkontinents ausgelöscht hatten, begannen sie, im großen Stil, Sklav*innen aus Afrika nach Amerika zu verschleppen, um den entstandenen Arbeitskräftemangel zu beheben. Dies war der Beginn des transatlantischen Sklavenhandels, in dessen Verlauf mehr als zehn Millionen Menschen zur Überquerung des atlantischen Ozeans gezwungen wurden. Die Einteilung der Menschheit in verschiedene *Rassen* diente der Legitimierung dieser grausamen Praxis. Doch nicht nur Schwarze Menschen aus Westafrika waren vom aufkommenden Rassenwahn betroffen. Der systematische Rassismus verlangte die Einordnung aller Menschen in rassistische Schemata, von Indien bis China, von Südafrika bis nach Grönland.

Angesehene Philosophen und Denker[51] in Europa waren daran beteiligt, diese globale Hierarchie auch intellektuell zu zementieren. Der berühmte Philosoph Immanuel Kant etwa vertrat in seinen Schriften die Ansicht, dass nicht-*weiße* Menschen des Denkens unfähig seien. Er war auch einer der Hauptbefürworter der Theorie, dass Hautfarbe – und nicht andere körperliche Merkmale – der Hauptanhaltspunkt für die rassistische Kategorisierung von Menschen sein sollte und trug damit maßgeblich zu einer der folgenreichsten und intensivsten akademischen Debatte seiner Zeit bei.[52] Der vermeintlich ›wissenschaftliche‹ Rassismus, dem Denker wie Kant besondere Prominenz verliehen, legte wiederum die Grundlage für die zahlreichen rassistischen Gräueltaten der Moderne – bis hin zum Genozid – und für eine rassistisch organisierte globale Arbeitsteilung, die die Welt bis heute prägt.

---

51 Der Verzicht auf eine genderneutrale Formulierung an dieser Stelle ist intendiert – tatsächlich handelte es sich fast ausschließlich um Männer.

52 »(…) Carl Linnaeus (1707–1778), who was one of the first to propose a universal classification of mankind according to skin color, still felt compelled to underline that skin color should be seen on par with other variable characteristics, like stature or body weight, that clearly depended environmental factors such as nutrition. It was only in the course of the eighteenth century, and especially towards its end, that the peculiar behavior of heritable characteristics—the fact that they were transmitted without being influenced by external conditions—began to be seen as an instantiation of something akin to natural laws. Kant played an important role in advancing this perspective (…).«, zitiert aus: Müller-Wilde, Stephan (2014): Reproducing difference: Race and heredity from a *longue durée* perspective. In: Lettow, Susanne (Hg.): *Race, gender and reproduction in philosophy and the early life sciences*. Albany: SUNY Press 2014.

Fossiler Kolonialismus

Schon früh verhedderte sich der rote Faden des Kolonialismus also in einer Klimakrise gigantischer Dimension – der kleinen Eiszeit. Doch damit war es nicht getan. Denn die aus dem Zeitalter der kleinen Eiszeit geborene koloniale Weltordnung legte zugleich auch die Grundlage für die nächste Klimakrise. Eine Schlüsselrolle kam dabei der Industrialisierung Großbritanniens im 19. Jahrhundert zu, mit der erstmals die massenhafte Verbrennung von fossilen Energieträgern wie Kohle einherging und die zu einer regelrechten Explosion der menschengemachten CO_2-Emissionen führte (deshalb beziehen sich Debatten über die Erderwärmung auch immer auf einen gewissen »vorindustriellen Wert«).[53]

Ermöglicht wurde die industrielle Revolution durch die stetige Zufuhr von Rohstoffen aus den britischen Kolonien. Einerseits revolutionierte der Kolonialismus die Ernährungslandschaft im Großbritannien des 19. Jahrhunderts: Zucker aus der karibischen Plantagenwirtschaft und die aus Südamerika stammende Kartoffel wurden als günstige und effektive Energiequellen zum entscheidenden Bestandteil der Ernährung der neuen Arbeiter*innenschaft.[54] Andererseits stellte der Kolonialismus die Versorgung der neu entstehenden Fabriken und Betriebe mit günstigen Naturprodukten sicher. Fast die Hälfte aller Exporte Großbritanniens während der industriellen Revolution basierte auf Baumwolle, welche in Nordamerika von Sklav*innen gepflückt und anschließend in den Fabriken Großbritanniens weiterverarbeitet wurde.

Ein weiterer entscheidender Faktor in der Industrialisierung Großbritanniens war die Abschaffung der Sklaverei im britischen Empire. Denn als das britische Parlament 1833 schließlich einem entsprechenden Gesetz zustimmte, beschloss die Regierung auch, mehr als 20 Millionen Pfund an ›Entschädigungen‹ zu bezahlen. Diese Entschädigungszahlungen waren jedoch nicht für die ehemaligen Sklav*innen bestimmt, die auch nach ih-

53 Das Pariser Klimaabkommen sieht beispielsweise vor, die Erderwärmung nach Möglichkeit auf 1,5 Grad Celsius (maximal aber auf 2 Grad Celsius) »gegenüber dem vorindustriellen Niveau« zu begrenzen. Welcher Zeitraum überhaupt als ›vorindustriell‹ charakterisiert werden kann, ist allerdings auch unter Klimaforscher*innen noch umstritten – während einige Forscher*innen bereits im frühen 18. Jahrhundert ansetzen, definieren andere noch das späte 19. Jahrhundert als ›vorindustriell‹.

54 Mintz, Sidney W. (1986): *Sweetness and Power. The Place of Sugar in Modern History.* New York: Penguin Books.

rer Freilassung häufig in prekären Verhältnissen weiterlebten. Stattdessen galten sie den gut organisierten Sklavenhalter*innen, die wirtschaftliche Verluste beklagten. Wie die Geographin Kathryn Yussof in ihrem Buch *A Billion Black Anthropocenes or None* beschreibt, wurde mit den entsprechenden Entschädigungsgeldern im Handumdrehen ein Großteil der fossilen Infrastruktur finanziert, die Großbritannien in die erste moderne Industrienation verwandelte – Eisenbahnlinien, Bergwerke und Fabriken.[55] Auch in den USA fiel die formelle Abschaffung der Sklaverei im Jahr 1865 nicht zufällig mit der Industrialisierung und dem Beginn der Ära der fossilen Brennstoffe zusammen. Firmen wie die *Alabama Iron Ore Company* (Eisenerz) und die *Tennessee Coal and Iron Company* (Kohle und Stahl) gehörten zu den größten Arbeitgebern für Schwarze Sträflinge. Auf ihrem Rücken wurde die *U.S. Steel Corporation* zum größten Stahlproduzenten und zur größten Firma der Welt. Das fossile Zeitalter gründet also gleich in zweierlei Hinsicht auf einem rassistischen Erbe: Zum einen wurde ein großer Teil der globalen fossilen Infrastruktur durch Gewinne aus der Kolonialwirtschaft und dem Sklavenhandel finanziert, zum anderen waren es ehemalige Sklav*innen, die diese Infrastruktur unter menschenunwürdigen Arbeitsbedingungen errichten mussten.

Den daraus resultierenden technologischen Vorsprung nutzten die westlichen Großmächte wiederum, um ihren Herrschaftsapparat noch weiter auszubauen und die Ausbeutung der Kolonien zu intensivieren. Die frühe Nutzung von Dampfschiffen verschaffte dem Vereinigten Königreich einen entscheidenden militärischen und strategischen Vorteil im kolonialen Wettrennen. Zum Einsatz kamen die Dampfschiffe unter anderem in der Kolonisierung Nigerias, wo sie der britischen Marine erlaubten, flussaufwärts zu navigieren, und im ersten Opiumkrieg, in dem Großbritannien das chinesische Kaiserreich zwang, seine Häfen für den Handel zu öffnen. Aus Sicht des indischen Schriftstellers Amitav Ghosh ist daher klar: »Das Britische Empire wurde im Wesentlichen auf fossilen Brennstoffen errichtet.«[56]

Obwohl seit dem Anbeginn der Industrialisierung viel Zeit vergangen ist und viele der ehemals kolonisierten Weltregionen heute formal unabhängig

55 Yusoff, Kathryn (2018): *A Billion Black Anthropocenes or None.* Minneapolis: University of Minnesota Press.

56 Knight, Ben (2019): What the West doesn't get about the climate crisis. *Deutsche Welle online.* https://www.dw.com/en/amitav-ghosh-what-the-west-doesnt-get-about-the-climate-crisis/a-50823088 (09.01.2021)

sind, riss der rote Faden des Kolonialismus keineswegs ab. Viele der kolonialen Strukturen sind bis heute intakt. Politische Macht und wirtschaftlicher Aufschwung basieren auch heute unmittelbar auf der Ausbeutung fossiler Energieträger. Gedeckt von westlich dominierten Institutionen wie der Weltbank, dem Internationalen Währungsfonds und der Europäischen Union geht die Plünderung von Rohstoffen und Reichtümern durch multinationale Konzerne vielerorts ungebrochen weiter. Öl- und Rohstoffkonzerne wie Royal Dutch Shell oder British Petroleum (BP), die ihre Wurzeln in der Zeit des Kolonialismus haben, sind auch im 21. Jahrhundert noch dafür verantwortlich, dass überall auf der Welt Menschen von ihrem Land vertrieben werden, um Platz für die Ausbeutung fossiler Brennstoffe zu schaffen. Regierungen, die sich gegen die ›Öffnung‹ ihrer Märkte und den Ausverkauf ihrer Ressourcen wehren, werden nicht selten massiv unter Druck gesetzt. Die jüngsten Ölkriege im Irak und in Libyen zeigen, dass die ehemaligen Kolonialmächte des Westens noch immer bereit sind, in anderen Ländern militärisch zu intervenieren, um energiepolitische Interessen durchzusetzen.

Doch nicht nur im fossilen Energiesektor wirken die kolonialen Strukturen bis heute fort. Wie wir bereits am Fallbeispiel der Chipko-Bewegung in Indien gesehen haben, sind auch die Industrialisierung der Landwirtschaft und das Verschwinden von Wäldern eine direkte Folge des Kolonialismus.[57] Von Indonesien bis Brasilien, vom Kongobecken bis nach Madagaskar – in den meisten Ländern des Globalen Südens geht die großflächige Abholzung von Wäldern unmittelbar auf eine koloniale Politik zurück, die nicht auf eine nachhaltige Wirtschaft im Sinne der Bevölkerung, sondern auf den maximalen Export von Rohstoffen ausgelegt war. Neben Emissionen, die durch die Verbrennung von fossilen Brennstoffen entstehen, ist die Entwaldung der Erdoberfläche eine der Hauptursachen für die Klimakrise und jährlich für ca. zehn Prozent der globalen CO_2-Emissionen verantwortlich.[58]

---

57 Marchand, Sébastien (2015/2016): The colonial origins of deforestation: an institutional analysis. In: *Environment and Development Economics*, Volume 21, Issue 3. S. 318-349 https://www.cambridge.org/core/journals/environment-and-development-economics/article/colonial-origins-of-deforestation-an-institutional-analysis/2172CCCF75A18A4ACDF429483FF623B0 (28.11.2020)

58 Dean, Annika (2019): Deforestation and Climate Change. *Climate Council.* https://www.climatecouncil.org.au/deforestation/ (28.11.2020)

Allein in den letzten 40 Jahren wurde insgesamt über eine Milliarde Hektar Regenwald abgeholzt – das entspricht einer Fläche von der Größe Europas.[59] Dieser drastische Anstieg lässt sich unter anderem darauf zurückführen, dass eine Reihe waldreicher Länder durch von westlichen Industrienationen dominierte Institution wie die Weltbank und der internationale Währungsfonds (IWF) im Rahmen von sogenannten *Strukturanpassungsmaßnahmen* dazu gezwungen wurden, ihre Waldflächen für die privatwirtschaftliche Nutzung zu öffnen. Diese Reformen ebneten den Weg für den Einstieg großer Agrarkonzerne in Südostasien, Afrika und Südamerika. Nahezu die Hälfte aller in den letzten Jahrzehnten abgeholzten Flächen wich für die Produktion von lediglich vier Rohstoffen: Rindfleisch, Soja, Palmöl und Holz.[60] Dabei handelt es sich um Handelswaren, die nicht für die Nutzung vor Ort, sondern für den Export in die reichen Industrienationen bestimmt sind – es profitieren also in erster Linie die großen Konzerne des globalen Nordens.

Umgekehrt droht die Klimakrise aber auch die existierenden kolonialen und rassistischen Verhältnisse noch weiter zu verschärfen. Einige Autor*innen aus der Klimagerechtigkeitsbewegung verwenden gar den Begriff der *Klimaapartheid*, um die verschiedenen Auswirkungen der Klimakrise entlang rassistischer und kolonialer Kontinuitätslinien zu beschreiben. Der Politikwissenschaftler Olúfẹ́mi O. Táíwò schildert in einem Artikel für die Zeitschrift *Dissent*, wie im von Waldbränden geplagten Kalifornien jedes Jahr Tausende Sträflinge, überwiegend People of Color, für täglich zwei bis fünf US-Dollar als Feuerwehrleute ihr Leben aufs Spiel setzen. Auf diese Weise nutzt der Bundesstaat die Verwundbarkeit der Sträflinge, denen es verboten ist, sich gewerkschaftlich zu organisieren, und die vom Mindestlohn ausgenommen sind, schamlos aus.[61] Einflussreiche Firmen und Privatpersonen hingegen können es sich leisten, private Verträge mit

59 Vidal, John (2017): We are destroying rainforests so quickly they may be gone in 100 years. *The Guardian.* Webhttps://www.theguardian.com/global-development-professionals-network/2017/jan/23/destroying-rainforests-quickly-gone-100-years-deforestation (28.11.2020)

60 Henders, Sabine, U. Martin Persson und Thomas Kastner (2015): Trading Forests: Land-Use Change and Carbon Emissions Embodied in Production and Exports of Forest-Risk Commodities. In: *Environmental Research Letters* 10. S. 1–14. https://iopscience.iop.org/article/10.1088/1748-9326/10/12/125012/pdf (28.11.2020)

61 Táíwò, Olúfẹ́mi O. (2020): Climate Apartheid is the Coming Policing Crisis. *Dissent.* Web. https://www.dissentmagazine.org/online_articles/climate-apartheid-is-the-coming-police-violence-crisis (28.11.2020)

den Feuerwehr- und Polizeibehörden abzuschließen und sich so in Krisensituationen einen besonderen Schutz erkaufen. Das führt gelegentlich zu verstörenden Bildern. Táíwò erzählt, wie 2012 der Hurrikan Sandy unerwartet auf die Großstadt New York traf, was zur Folge hatte, dass große Teile Manhattans auf einmal unter Wasser standen und in vielen Vierteln der Metropole der Strom ausfiel. Zu demselben Zeitpunkt, zu dem in den Krankenhäusern der Stadt die Lichter ausgingen, erstrahlte das Hauptgebäude der privaten Investmentbank Goldman Sachs in vollem Glanz, da die Bank sich rechtzeitig einen kostspieligen Notstromgenerator organisiert und ihr Gebäude durch Sandsäcke geschützt hatte. Und während die New Yorker Polizeibehörde bei 20.000 Notrufen pro Stunde heillos überfordert war, konnte sich die Bank im Ernstfall eine vertraglich zugesicherte »augenblickliche Reaktion« der Polizei verlassen.

An den Außengrenzen Europas, der USA und Australiens zeigt sich, dass eine Politik der Klimaapartheid auch auf der Ebene der internationalen Politik schon längst Realität ist. Während ein Großteil der Weltbevölkerung der Klimakrise schonungslos ausgesetzt ist, schotten sich die wohlhaben Länder des Nordens erfolgreich ab. Deutschland ist in dieser Hinsicht keine Ausnahme. Deshalb ist es gerade im Kontext der hiesigen Klimabewegung notwendig, sich mit der deutschen Geschichte auseinanderzusetzen, die nachhaltig von Rassismus und Kolonialismus geprägt ist.

Schon wieder Deutschland: Kolonialismus und Rassismus made in Germany

Nur allzu oft wird die Rolle Deutschlands in der Geschichte des Kolonialismus vergessen oder verharmlost. Dabei beteiligten und bereicherten sich deutsche Staaten, Unternehmen und Familien seit Anbeginn des kolonialen Zeitalters an ausbeuterischen Unternehmungen. Zu den frühesten Kolonien zählen zum Beispiel das preußische Groß-Friedrichsburg im heutigen Ghana oder das augsburgische Klein-Venedig im heutigen Venezuela. Später besetzte das Deutsche Reich unter Reichskanzler Otto von Bismarck Gebiete in *Deutsch-Südwestafrika* (heute Namibia), Togo, Kamerun, *Deutsch-Ostafrika* (im Bereich der heutigen Länder Tansania, Burundi und Ruanda), *Kiautschou* (im heutigen Shandong, China), und *Deutsch-Neuguinea* (heute Papua-Neuguinea). Im Berliner Stadtteil Wedding erinnert das Afrikanische Viertel mit Straßennamen wie der Togostraße, der

Kameruner Straße und der Kongostraße an diese grausame Vergangenheit. Auf demselben Gebiet plante einst der Zoologe Carl Hagenbeck (nach dem auch der Hamburger Zoo benannt ist), einen riesigen Zoo einzurichten, in dem Menschen und Tiere aus den deutschen Kolonien gleichermaßen in Käfigen ausgestellt werden sollten. Aufgrund des Ersten Weltkriegs wurden die Pläne für den Zoo verworfen, die Straßennamen jedoch waren schon vergeben und existieren bis heute, weshalb verschiedene Berliner Initiativen seit Jahren für eine Umbenennung der Straßennamen kämpfen.

Doch auch außerhalb der deutschen Kolonien waren deutsche Familien und Firmen schon früh prominent in den kolonialen Handel involviert. Der Handel mit Kolonialwaren wie Tabak, Zucker und Kaffee trug maßgeblich zum Reichtum von Städten wie Bremen, Hamburg und Rostock bei. So stieg die Hansestadt Hamburg im 18. Jahrhundert zum größten Zuckerverarbeitungsstandort Europas auf. Viele der beeindruckenden Kaufmannshäuser, die das Hamburger Stadtbild prägen, wurden durch Profite aus dem Versklavungshandel und der Plantagenwirtschaft finanziert. Deutschland war auch Austragungsort der wichtigsten Kolonialkonferenz überhaupt: Auf der Berliner *Kongokonferenz* teilten die europäischen Großmächte 1885, auf Einladung Otto von Bismarcks, den afrikanischen Kontinent unter sich auf. Die Grenzen, die damals ohne Rücksicht auf lokale Gegebenheiten am Reißbrett gezogen wurden, prägen den Kontinent bis heute.

Der systematische Rassismus und die brutale Ausbeutung der lokalen Bevölkerung beherrschten den Alltag in den deutschen Kolonien. Widerstand gegen die deutsche Herrschaft wurde mit allen Mitteln niedergeschlagen. Unter dem Befehl Lothar von Trothas beging die kaiserliche Armee zwischen 1904 und 1908 den ersten Völkermord des 20. Jahrhunderts in Namibia. Dabei wurden die Ovaherero[62] und die Nama, zwei Volksgruppen, die sich gegen die deutsche Besatzung ihres Landes zur Wehr gesetzt hatten, nahezu vollständig vernichtet. In den Städten Okahandja, Windhuk und Swakopmund wurden im Rahmen des Genozids auch die ersten deutschen Konzentrationslager errichtet. Nahezu die Hälfte der Gefangenen kam in diesen Lagern ums Leben. An dem Genozid in Namibia beteiligt, war auch Franz Ritter von Epp, der später zum bekannten General und Vertrauten Adolf Hitlers wurde. In Berlin forschte der Eugeniker Eugen Fischer an den

62 Ovaherero ist die Pluralform des häufig verwendeten Singulars ›Herero‹.

Schädeln der ermordeten Ovaherero und Nama, um seine Rassismustheorie zu ›beweisen‹.[63]

Wenige Jahrzehnte später gipfelte der deutsche Rassenwahn in der Schreckensherrschaft des Nationalsozialismus, im brutalsten Angriffskrieg aller Zeiten und der historisch einmaligen Verfolgung und Vernichtung von über sechs Millionen Jüd*innen im Rahmen der Shoa, sowie Sinti*ze und Romn*ja, Sozialist*innen, Menschen mit Behinderung, Schwulen und Lesben und vielen weiteren Menschen.

Nur allzu gerne grenzt sich die deutsche Mehrheitsgesellschaft heute von diesen Verbrechen ab. Viele der grundlegenden kolonialen und rassistischen Verhältnisse bestehen aber auch im 21. Jahrhundert fort. Nazi-Skandale in den Sicherheitsbehörden, rechte Anschläge, Internierungs- und Folterlager an den europäischen Außengrenzen sprechen eine deutliche Sprache.[64] In Namibia besitzen wenige Tausend Nachfahren der deutschen Siedler*innen heute weit mehr als die Hälfte des Landes. Konzerne wie Berlinwasser International (Wasser) oder die Ulmer Schwenk-Gruppe (Zement) machen Profite mit den Ressourcen des Landes, während viele Namibier*innen in bitterer Armut leben.

Rassismus und Umweltzerstörung sind auch im deutschen Kontext eng miteinander verschränkt. Ein Beispiel dafür ist das Schicksal der Sorb*innen, einer slawischen Minderheit in der Lausitz im Osten Deutschlands. Im Nationalsozialismus wurden die Sorb*innen einer rassistischen Assimilierungspolitik unterworfen. Die sorbische Sprache und sorbische Brauchtümer wurden verboten und bekannte Sorb*innen wurden in Konzentrationslagern ermordet. Doch das Ende des Dritten Reichs bedeutete keineswegs das Ende der Diskriminierung der Sorb*innen. Bis heute

63 Über das Verhältnis des NS-Regimes zu den kolonialen Genoziden in Namibia und in den britischen Kolonien herrscht unter Historiker*innen eine rege Debatte. Einen Überblick bietet beispielsweise diese Buchrezension: Finzsch, Norbert (2012): Von Windhuk nach Auschwitz? Beiträge zum Verhältnis von Kolonialismus und Holocaust. Buchrezension. *Journal of Genocide Research*, Volume 14, Issue 1, S. 115-118.

64 Die Süddeutsche Zeitung zitierte 2017 aus einem Schreiben deutscher Diplomat*innen über die Lager in Libyen, in dem von »KZ-ähnliche Verhältnissen« die Rede ist. Weiter heißt es, »Exekutionen nicht zahlungsfähiger Migranten, Folter, Vergewaltigungen, Erpressungen sowie Aussetzungen in der Wüste sind dort an der Tagesordnung«. Zitiert aus: Libyen: »Exekutionen und Folter sind an der Tagesordnung«, *Süddeutsche Zeitung,* Web. https://www.sueddeutsche.de/politik/libyen-libyen-exekutionen-und-folter-sind-an-der-tagesordnung-1.3354314 (21.1.2021)

kommt es in der Region zu Nazi-Angriffen auf sorbische Jugendliche, Hakenkreuz-Schmierereien und Anschlägen mit Briefkastenbomben. Der bestimmende Aspekt der jüngeren sorbischen Geschichte ist aber die Braunkohle. In den letzten 70 Jahren wurden in der Lausitz mehr als 130 sorbische Dörfer abgebaggert, um Platz für Braunkohletagebaue zu schaffen.[65] Viele Sorb*innen wurden im Laufe der Zeit umgesiedelt und mussten in größere Städte ziehen. Diese Politik der Verdrängung spaltete nicht nur die Gemeinschaft, sondern zerstörte auch die Umwelt in der Region, etwa durch das notwendige Abpumpen des Grundwassers. Sorbische Aktivist*innen wie Edith Penk (Pjenkowa) gehörten zu den vielleicht ersten Braunkohlegegner*innen in Deutschland – lange bevor Ende Gelände in die Lausitz kam. Trotz des inzwischen vereinbarten Kohleausstiegs sollen weitere sorbische Dörfer abgebaggert werden, darunter die Ortschaft Mühlrose (Miłoraz). Das sorbische Parlament, der Serbski Sejm, fordert ein sofortiges Ende des Braunkohlebergbaus in der Lausitz und eine Mitbestimmung bei der Nutzung und Wiedernutzbarmachung von Flächen außerhalb von Siedlungen und in Bezug auf die Wiedergutmachung der durch die Braunkohleförderung entstandenen Schäden.[66]

Auch im Ausland befeuern deutsche Firmen die Klimakrise und profitieren dabei von Rassismus und kolonialen Strukturen. Die Stuttgarter Fichtner-Gruppe beispielsweise ist momentan am Bau eines riesigen Kohlekraftwerks in Bangladesch beteiligt. Es soll in unmittelbarer Nähe zu den Sundarbans entstehen, dem größten Mangrovenwald der Erde. Das *National Committee for Saving the Sundarbans* (NCSS), eine Koalition aus über 50 Gruppen in Bangladesch, kämpft seit Jahren gegen die unsinnigen Pläne, am Rande des Waldes ein Kohlekraftwerk zu errichten und damit ein weltweit einmaliges Ökosystem zu gefährden. In den Sundarbans leben unter anderem der Bengalische Tiger, Axishirsche und Delfine. Darüber hinaus sind die Wälder, die aufgrund ihrer einzigartigen Biodiversität seit 1987 zum UNESCO-Weltnaturerbe gehören, stark vom Klimawandel bedroht. Überflutungen, Meeresspiegelanstieg und Versalzung machen den Mangroven zu schaffen. Viele Bewohner*innen der Gegend sehen sich schon jetzt gezwungen, in größere Städte oder über die indische Grenze

65 Mitteldeutscher Rundfunk (2020). *Die Sorben und die Braunkohle.* https://www.mdr.de/zeitreise/sorben-lausitz-kohle-100.html (28.11.2020)

66 Pressekonferenz des Serbski Sejm (2020). *Neues aus Mühlrose.* https://muehlrose.blogspot.com/2019/07/pressekonferenz-des-serbski-sejm.html (28.11.2020)

zu fliehen, wo sie jedoch häufig von Diskriminierung betroffen sind. Die durch das Kraftwerk verursachten CO_2-Emissionen würden ökologische Krise in den Sundarbans nur weiter beschleunigen. Außerdem müsste die Anlage rund um die Uhr durch Kohleschiffe versorgt werden, deren Route die Mangrovenwälder durchquert. Unfälle sind bei derart gefährlichen Kohletransporten vorprogrammiert. Es ist dem unermüdlichen Einsatz von Aktivist*innen wie Tonny Nowshin zu verdanken, dass diese Pläne inzwischen auch in Deutschland Aufmerksamkeit erfahren. Im September 2020 protestierte ein Aktionsbündnis aus der Klimabewegung vor dem Stammsitz der Fichtner-Gruppe in Stuttgart gegen das Projekt.[67]

In Indonesien wehrt sich die Initiative *Save Kendeng* gegen die Pläne der Heidelberger Firma *HeidelbergCement,* das Kendeng-Gebirge auf der Insel Java abzubauen und dort eine Zementfabrik zu errichten. Während der milliardenschwere Konzern HeidelbergCement und seine Tochterfirma Indocement sich dort ein lukratives Geschäft erhoffen, fürchten die im Gebirge lebenden Landwirt*innen und die Indigene Samin-Community[68] ihre Vertreibung, die Zerstörung des komplexen Ökosystems im Karstgebirge und eine Wasserkrise. Überdies ist Zement ein oft vergessener Klimakiller. Die Zementindustrie ist aufgrund des energieintensiven Herstellungsprozesses für stolze vier bis acht Prozent der globalen Treibausgasemissionen verantwortlich.[69] Als zweitgrößter Zementhersteller der Welt leistet HeidelbergCement also keinen geringen Beitrag zur Klimakrise. Auch HeidelbergCement geriet deshalb im letzten Jahr in das Visier der Klimagerechtigkeitsbewegung. Aktivist*innen des Bündnisses *Wurzeln im Beton* betonierten sich im August 2020 vor der Zentrale des Unternehmens aus Protest die Füße ein – eine Strategie, die auch schon in Indonesien bei den Protesten von *Save Kendeng* verwendet wurde.[70]

---

67 https://www.robinwood.de/pressemitteilungen/klimazerst%C3%B6rung-made-stuttgart (25.1.21)

68 Community ist das englische Wort für ›Gemeinde‹, ›Gemeinschaft‹ oder ›Gesellschaft‹. Es wird hier verwendet, um organisierte Zusammenhänge von Menschen zu bezeichnen, die sich zum Teil nicht entlang dominanter Kategorien wie Staat und Nation definieren lassen.

69 Rodgers, Lucy (2018): Climate change: The massive CO_2 emitter you may not know about. *BBC.* Web. https://www.bbc.com/news/science-environment-46455844 (07.01.2021)

70 Klima-Protest gegen HeidelbergCement: Aktivisten ziehen nach krasser Aktion wieder ab. *Heidelberg24.* Web. https://www.heidelberg24.de/heidelberg/heidelberg-protest-klima-demo-protest-aktivisten-fuesse-beton-polizei-heidelberg-

In Bolivien wollen die süddeutsche Firma ACI Systems und das Thüringer Unternehmen K-UTEC Zugang zu den großen Lithiumvorkommen der Stadt Potosí gewinnen.[71] Lithium ist ein Rohstoff, der unter anderem für die Herstellung von Batterien (zum Beispiel für Elektroautos) gebraucht wird und daher für die deutsche Autoindustrie und für die Bundesregierung eine große strategische Bedeutung besitzt. Im Herbst 2018 hatten sich die Firmen in einer gemeinsamen Unternehmung mit dem bolivischen Staatskonzern YLB eigentlich schon die Rechte an der Förderung von Lithium in Potosí gesichert. Der damalige Präsident Evo Morales stoppte das Vorhaben nach starken Protesten und einem Hungerstreik der lokalen Bevölkerung jedoch zunächst. Wenig später wurde Morales durch einen dubiosen rechtsnationalen Staatsstreich gestürzt.[72] Die Bundesregierung schwieg zu den Vorgängen. Nachdem schließlich im Oktober 2020 Morales' MAS-Bewegung in den ersten Wahlen nach dem Staatstreich wieder eine absolute Mehrheit der Wähler*innen hinter sich vereinen konnte, begann das Buhlen um die Lithiumvorräte von Neuem.

Achtung: Grüner Kolonialismus

Die Geschichten aus Bangladesch, Bolivien und Indonesien illustrieren, dass der Kampf für Klimagerechtigkeit nicht vom Kampf gegen das Fortleben von Kolonialismus und Rassismus zu trennen ist. Denn solange diese Herrschaftsverhältnisse nicht angetastet werden, wird es den großen Klimasündern weiterhin möglich sein, ihr zerstörerisches Treiben innerhalb alter und neuer kolonialer Kontexte ungestört fortzusetzen. Außerdem erlauben es koloniale Strukturen den Verantwortlichen, die Kosten der Klimakrise auf marginalisierte Bevölkerungsgruppen abzuwälzen, ohne die eigene, fundamental zerstörerische Lebensweise selbst infrage zu stellen.

---

cement-einsatz-90019367.html?fbclid=IwAR2RWCvsgETau61Gm0C5xDvJ7SVNORU6SxC1q3x0XFG2MUfgGl8tYoFzGtY (13.01.2021)

71 Das mehr als 4.000 Meter über dem Meeresspiegel gelegene Potosí ist ein alter Bekannter des kolonialen Raubbaus. Es beherbergte einst die größte Silbermine der Welt und galt als Nabel des spanischen Kolonialreiches. Schon damals führte die Politik der spanischen Krone in der Region um Potosí zur Rodung ganzer Landstriche und zur Vertreibung Hunderttausender Indigener Menschen.

72 Für eine ausführliche Analyse der Ereignisse siehe: Prashad, Vijay (2020): *Washington Bullets*. Neu-Delhi: Leftword Books.

Ein Beispiel dafür sind sogenannte *Carbon-Offsetting* oder CO_2-Ausgleichs-Projekte, die inzwischen von zahlreichen Anbietern angeboten werden. Wer etwa Bus- oder Bahntickets bucht, wird inzwischen häufig mit dem Angebot konfrontiert, für einen Aufschlag von einem geringen Cent-Betrag die Emissionen der erworbenen Reise ›wiedergutzumachen‹. Die Idee hinter Carbon-Offsetting ist, Emissionen auszugleichen, indem anderswo in der Welt Projekte mit einer positiven CO_2-Bilanz unterstützt werden – zum Beispiel Aufforstungsprojekte oder die Förderung erneuerbarer Energien. Aufgrund der geringeren Kosten werden diese Projekte oft im Globalen Süden realisiert. Der Atmosphäre ist es schließlich zunächst einmal herzlich egal, wo genau die Emissionen eingespart werden. In der Praxis heißt das aber auch, dass häufig Menschen, die nur sehr wenig mit dem Klimawandel zu tun haben, für die Emissionen von anderen Menschen bezahlen müssen. Gelegentlich sind die eingesparten Emissionen sogar rein fiktional. Ein typisches Beispiel ist das Purus REDD-Projekt in Brasilien.[73] Das Projekt wirbt damit, durch die Verhinderung der Abholzung des Regenwalds CO_2-Emissionen einzusparen, die sonst voraussichtlich in der Zukunft angefallen wären. Im Falle des Purus REDD-Projekts kaufte ein Firmenkonglomerat dazu ein großes Grundstück im brasilianischen Amazonas-Regenwald auf – allerdings ohne das Einverständnis der bereits auf dem Grundstück lebenden Familien einzuholen. Anschließend warf das Unternehmen den Familien, die dort als Kleinbäuer*innen ihren Lebensunterhalt bestritten, vor, den Wald illegal abzuholzen, und erklärte, die Familien künftig davon abhalten und umschulen zu wollen. Die dadurch vermeintlich ›eingesparten‹ CO_2-Emissionen wurden anschließend auf dem Emissionsmarkt verkauft. Zu den Kundinnen von Purus REDD gehörte unter anderem auch die FIFA, die mithilfe verschiedener CO_2-Ausgleichsprogramme die von ihr ausgerichtete Männer-Fußballweltmeisterschaft 2014 für CO_2-neutral erklären ließ und dafür sogar ein Lob der Vereinten Nationen einheimste.[74]

73 REDD ist die Abkürzung des englischen Ausdrucks *Reducing Emissions from Deforestation and Forest Degradation*, also der ›Verringerung von Emissionen aus Entwaldung und zerstörerischer Waldnutzung‹.

74 UNFCC Press Release (2014): *Brazil Kicks Off Carbon Neutral Goal for FIFA World Cup*. https://unfccc.int/files/press/press_releases_advisories/application/pdf/pr20141604_fifa_cers.pdf (28.11.2020)

Klimagerechtigkeitsaktivist*innen wie Nnimmo Bassey sprechen mit Bezug auf Projekte wie Purus REDD vom sogenannten *Grünen Kolonialismus.*[75] Sie kritisieren zum einen, dass solche Programme oft mit Menschenrechtsverletzungen und Vertreibungen behaftet sind. Zum anderen weisen Bassey und andere Aktivist*innen darauf hin, dass die vermeintlichen CO_2-Einsparungen meist auch auf unrealistischen Rechnungen basieren oder gar frei erfunden sind. Die dringend benötigte, echte sozial-ökologische Wende können derartige Kompensationsprojekte nicht ersetzen.

Doch wie könnte ein Kampf gegen den Klimawandel aussehen, der explizit auch die Perspektiven derjenigen Menschen miteinbezieht, die unmittelbar von Rassismus und Kolonialismus betroffen sind? Wie können die antikolonialen und antirassistischen Kämpfe unserer Zeit an die jahrhundertealte Tradition des Widerstandes gegen Rassismus und Kolonialismus anknüpfen?

Schließlich begann mit der Ankunft von Christoph Kolumbus in der Karibik nicht nur das Zeitalter des Kolonialismus, sondern auch das Zeitalter des antikolonialen Widerstands. Schon einige Tage nachdem Kolumbus seine Crew im Dezember 1492 auf der karibischen Insel Hispaniola die Dörfer der dort lebenden Indigenen *Taino* plündern ließ, schlugen die Taino zurück und brannten Kolumbus' Fort in Grund und Boden. Bei genauer Betrachtung ist der rote Faden des Kolonialismus übersät mit den Spuren von Menschen und Bewegungen, die wie die Taino die Unterdrückung durch den kolonialen Apparat nicht einfach hinnahmen und sich mit allen Mitteln gegen ihre Unterdrückung wehrten. Der Kampf für Klimagerechtigkeit ist also lediglich die jüngste Kerbe in einem mehr als fünfhundert Jahre alten Kampf – und er kann von den Erfahrungen vergangener Bewegungen lernen. Eine besonders lädierte Stelle, ja sogar ein Riss im Faden, lässt sich um das Jahr 1804 beobachten. Damals führte die Haitianische Revolution zur Gründung der ersten Schwarzen Republik und läutete die formelle Abschaffung der Sklaverei ein. Wer die jahrhundertalte Tradition des Widerstands gegen Rassismus und Kolonialismus besser verstehen will, kommt an der Geschichte der Revolution nicht vorbei.

75 Bassey, Nnimmo (2020): The Coming Green Colonialism. *Radical Ecological Democracy.* Web. https://www.radicalecologicaldemocracy.org/the-coming-green-colonialism/ (28.11.2020)

Die Revolution von Haiti

Während die haitianische Revolution in europäischen Geschichtsbüchern bis heute gerne verschwiegen wird, ist sie für Schwarze Intellektuelle wie C.L.R. James und Cedric Robinson ein wichtiger Bezugspunkt und ein konstituierendes Moment des antikolonialen Widerstands. Selbst zeitgenössische europäische Denker*innen wurden durch die fortschrittlichste Revolution ihrer Zeit nachhaltig geprägt. Den bedeutenden deutschen Philosophen Georg Wilhelm Friedrich Hegel beispielsweise soll die Revolution zu seinem vielleicht berühmtesten Kapitel über Herrschaft und Knechtschaft in der *Phänomenologie des Geistes* inspiriert haben.[76] Was war geschehen?

Bis ins späte 18. Jahrhundert hinein hieß Haiti noch *Saint-Domingue*. Als französische Kolonie stieg die Insel im Laufe des 18. Jahrhunderts zur lukrativsten und reichsten Kolonie der gesamten Amerikas überhaupt auf. Ihre Lage und ihr Klima boten optimale Bedingungen für den Anbau von Zuckerrohr. Französische Siedler begannen um das Jahr 1700, die ursprünglich aus Ostasien stammende Pflanze hier anzubauen. Schon bald wurde Saint-Domingue zum produktivsten Anbaugebiet der Welt. Die Kolonie bescherte dem französischen Bürgertum fabelhafte Gewinne. Von den 17 Millionen Pfund, die das französische Kolonialhandelsvolumen im Jahr 1789 betrug, entfielen allein elf Millionen Pfund auf den Handel mit Saint-Domingue.[77] Ein Zehntel der Wirtschaftsleistung Frankreichs, das zu diesem Zeitpunkt noch ein Königreich war, ging direkt auf die Kolonialwirtschaft zurück.

Der Reichtum der Insel basierte auf der brutalen Ausbeutung von über einer halben Million Sklav*innen, die auf der Insel lebten und mehr als 90 Prozent der dort lebenden Bevölkerung ausmachten. Die Arbeit auf den Plantagen war so hart, dass viele der Sklav*innen bereits nach wenigen Jahren starben oder Suizid begangen. Sklavenschiffe aus Westafrika sorgten für ständigen Nachschub an menschlicher Arbeitskraft. Nur rund ein Drittel der Sklav*innen war auf Saint-Domingue selbst geboren.

76 Buck-Morss, Susan (2009): *Hegel, Haiti and Universal History*. Pittsburgh: University of Pittsburgh Press.

77 Zum Vergleich: Der gesamte Kolonialhandel Großbritanniens betrug im selben Jahr nur fünf Millionen Pfund. Vgl. Robinson, Cedric. *Black Marxism. The Making of the Black Radical Tradition.* Chapel Hill: University of North Carolina Press. S. 183 f.

Wie in anderen Kolonien wurden auch in Saint-Domingue unzählige Aufstände gegen das menschenverachtende System der Sklaverei brutal niedergeschlagen. Das änderte sich 1789 mit dem Beginn der französischen Revolution. In Paris, der Hauptstadt des französischen Kolonialreiches, stürmten wütende Massen die Bastille, erkämpften die Abschaffung des Feudalismus und erschütterten das politische Selbstverständnis ihrer Zeit. Im August desselben Jahres verkündete die französische Nationalversammlung die Erklärung der Menschen- und Bürgerrechte. Die Ideen von Freiheit, Gleichheit und Brüderlichkeit wurden auch im fernen Saint-Domingue mit Begeisterung aufgenommen. Die Oberschicht des Landes erhoffte sich von der Revolution mehr Unabhängigkeit von der Kolonialmacht Frankreich und Handelsrechte mit anderen Nationen, während die *weißen* Arbeiter*innen und freien Schwarzen eine Gelegenheit sahen, die eigene gesellschaftliche Position zu stärken. Doch auch die Sklav*innen bekamen Wind von der politischen Aufbruchstimmung. Schon bald schwelten überall auf der Insel Feuer. Sklav*innen brannten ihre Plantagen nieder, taten sich zusammen und formten eine eigene Armee, der sich in kurzer Zeit bis zu hunderttausend Menschen anschlossen. In nur zehn Tagen erlangten sie Kontrolle über die nördlichen Provinzen. Zu Beginn hatte der Aufstand der Sklav*innen ein einziges dezidiertes Ziel: die eigene Freiheit zu erlangen. Doch im Laufe der Revolution machte sich eine Forderung breit, die so unerhört schien, dass sie für die meisten Menschen bis dato geradezu *undenkbar* gewesen war: Anstatt der eigenen Befreiung forderten die Anführer der Rebellion nun die gänzliche Abschaffung der Sklaverei. 1793 sah sich die französische Nationalversammlung genötigt, auf diese Forderung einzugehen, und erklärte die Abschaffung der Sklaverei in ihren Kolonien. Es handelte sich um eine Entscheidung, die weltweit für Aufsehen sorgte, jedoch wenig später unter Napoleon Bonaparte wieder zurückgenommen wurde. Inzwischen hatten sich auch Spanien und England in den Konflikt eingeschaltet und hofften, von der politischen Lage profitieren und Saint-Domingue ihrerseits kolonisieren zu können. Durch geschickte Allianzen und Seitenwechsel gelang es den Sklav*innen und ihren Generälen Toussaint L'Ouverture, Biassou, Dessalines und Jean-Christophe, die Revolution zu verteidigen und die europäischen Armeen in die Flucht zu schlagen. Am 1. Januar 1804 verkündete Henri Christophe die Unabhängigkeit von Saint-Domingue, welches von nun an Haiti heißen würde. Der Name Haiti ist der Sprache der Indigenen Taino entlehnt, jenen Bewohner*innen Hispaniolas also, die schon 1492 Kolumbus' Fort niederbrannten und die bereits um 1600 durch die Spanier vollständig ausgelöscht worden waren. Haiti wurde nach den USA zum zweiten unabhängigen modernen Staat auf dem amerikanischen Kontinent, zum ersten Staat, der aus einer Rebellion von Sklav*innen hervorging und zum ersten modernen Staat, der von Schwarzen Menschen geführt wurde. Die Verfassung Haitis war die wohl fortschrittlichste Verfassung ihrer Zeit. Mit der Revolution von Haiti war das einst *Undenkbare* auf einmal zur Realität geworden.

Die Haitianische Revolution inspirierte viele weitere Sklavenaufstände und Unabhängigkeitskriege. In Grenada und Louisiana kam es zu großen Revolten. Zahlreiche lateinamerikanische Nationen sahen sich durch die Unabhängigkeit Haitis ebenfalls ermutigt, sich von der Kolonialmacht Spanien zu lösen und wurden dabei tatkräftig durch die Regierung Haitis unterstützt. In ihrem Kampf für die Unabhängigkeit Haitis und die Abschaffung der Sklaverei lehnten sich die Sklav*innen von Saint-Domingue gegen ein System auf, das auf der brutalen Ausbeutung von Mensch und Natur basierte. Ohne die Arbeit der Sklav*innen, Kahlschlag und Umweltzerstörung wäre die koloniale Plantagenwirtschaft nicht ausgekommen. Aus historischen Gründen konnte jedoch auch der neue Staat Haiti die von den Kolonialist*innen hinterlassenen Umweltschäden nie vollständig beseitigen. Das hatte auch damit zu tun, dass Haiti nach seiner Unabhängigkeit durch Frankreich gezwungen wurde, die damals unvorstellbare Summe von 150 Millionen Gold-Franc als ›Preis‹ für die eigene Unabhängigkeit zu bezahlen. Der Kampf für Umweltgerechtigkeit ist daher noch heute von außerordentlicher Relevanz. Ausgerechnet Haiti zählt im 21. Jahrhundert zu den am schwersten vom Klimawandel betroffenen Nationen. Die ohnehin von Armut geplagte Insel wird regelmäßig von Wirbelstürmen und Erdbeben heimgesucht. Klimaungerechtigkeit ist hier kein abstraktes philosophisches Konzept, sondern eine scheinbar unüberwindbare Realität.

Doch die Geschichte der Revolution von Haiti zeigt, dass selbst das *Undenkbare* nicht unmöglich ist. Sie zeigt, dass Rassismus und Kolonialismus keine Naturgesetze sind, sondern Systeme und Ideologien, die von Menschen geschaffen wurden und von Menschen wieder abgeschafft werden können. Genau deshalb ist der Aufstand von Haiti ein so bedeutender Bezugspunkt für die Theoretiker*innen des antikolonialen Widerstands.

Crossroads

Wenngleich die Revolution von Haiti in der Geschichtsschreibung des antikolonialen antirassistischen Widerstands aufgrund ihrer Rolle in der Abschaffung der Sklaverei eine einzigartige Rolle einnimmt, ist sie bei Weitem nicht die einzige erfolgreiche antikoloniale Revolte. Im vergangenen Jahrhundert kam es fast überall auf der Welt zu erfolgreichen Befreiungskämpfen in ehemaligen Kolonien. Vietnam und Algerien erkämpften sich in erbitterten und gewaltreichen Konflikten die Unabhängigkeit von der Kolonialmacht Frankreich. Pakistan und Indien lösten sich 1947 nach Jahrzehnten des antikolonialen Widerstands aus den Fängen des britischen Empires. Nur einige Jahre später wurde Ghana zu einem der ersten afrikanischen Länder, das nach einer Reihe von Streiks und Aktionen des zivilen Ungehorsams ebenfalls die Unabhängigkeit erlangte. In ihrem Buch *Worldmaking After Empire* beschreibt die Politikwissenschaftlerin Adom Getachew, wie viele der ehemals kolonisierten Länder in dieser Phase des Ausbruchs eine politische Vision vertraten, die weit über den Horizont des westlichen Entwicklungsmodells hinausging und auf Prinzipien wie Solidarität und Selbstbestimmung gründete.[78] Getachew zufolge forderten die antikolonialen Befreiungskämpfer*innen des 20. Jahrhunderts nicht weniger als die Neuerfindung der internationalen, politischen und wirtschaftlichen Ordnung. Spätestens mit dem Beginn der neoliberalen Ära in den 1970er- und 1980er-Jahren und der Dominanz westlich dominierter Finanzinstitutionen wie der Weltbank und dem International Währungsfonds fand diese ambitionierte Phase jedoch vorerst ein Ende.

Dass Kolonialismus und Klimagerechtigkeit auch heute noch zwei Seiten der gleichen Medaille sind, zeigten jüngst die Proteste auf dem Land der Wet'suwet'en in Kanada. Die Wet'suwet'en sind eine Indigene Community im Norden des kanadischen Bundestaats British Columbia. Sie haben jedoch, wie viele andere ›First Nations‹, ihr Land nie formal an die kanadische Regierung abgetreten. Nach geltendem Recht haben die Regierung von Kanada und British Columbia daher keine Souveränität über ihr Land. Dennoch erteilte ein Gericht in British Columbia im Dezember 2018 einem internationalen Konsortium die Genehmigung für den Bau einer Pipeline, die auch das der Wet'suwet'en durchquert. Wieder

78 Getachew, Adom (2019). *Worldmaking After Empire. The Rise and Fall of Self-Determination.* Princeton: Princeton University Press.

einmal sollten sie ihre Landrechte für die Errichtung fossiler Infrastruktur zurückstellen. In Reaktion auf die geplante Pipeline hatten Aktivist*innen schon 2010 das Unist'ot'en-Camp gegründet und auf einem strategisch wichtigen Teil ihres Landes ein Lernzentrum eingerichtet, das im Laufe des Jahrzehnts zu einer stolzen Institution des Widerstands wurde. Als schwerbewaffnete Polizist*innen der kanadischen Bundespolizei 2019 und 2020 das Camp stürmten und Angehörige der Wet'suwet'en gewaltsam von ihrem Land entfernten, kam es international zu Solidaritätsprotesten. Als besonders effektiv erwiesen sich die Zugblockaden entlang der Strecke zwischen Toronto und Montreal, die einen großen Teil des Zugverkehrs in Kanada für mehrere Tage zum Erliegen brachte und dafür sorgten, dass die kanadische Öffentlichkeit die Geschehnisse nicht länger ignorieren konnte. Obwohl der Kampf der Wet'suwet'en für ihre Rechte und gegen die Errichtung der Pipeline noch längst nicht gewonnen ist, ist ihr Widerstand ein gutes Beispiel dafür, wie eine soziale Bewegung gegen Kolonialismus und Rassismus und für eine nachhaltige Zukunft und Indigene Souveränität aussehen könnte.

Der mutige Widerstand der Wet'suwet'en zeigt, dass der Kampf für Klimagerechtigkeit bis heute in der langen Tradition des antikolonialen Widerstands steht. Die Klimakrise basiert nicht nur auf der kolonialen Ausbeutung von Menschen und Natur, sie trägt auch dazu bei, die bestehenden globalen Ungleichheiten noch weiter zu verschärfen. Der deutsche Staat, deutsche Familien und in Deutschland ansässige Unternehmen profitieren bis heute von diesen Verhältnissen und beteiligen sich aktiv an der Enteignung marginalisierter Bevölkerungen, an Menschenrechtsverletzungen und der Zerstörung der Umwelt. Ein Kampf für Klimagerechtigkeit, der diesen unübersehbaren roten Faden ignoriert, bleibt unvollständig und droht, sich in Widersprüchen zu verheddern.

Die Kolonialgeschichte ist jedoch nicht der einzige Faden im Wollknäuel der Klimakrise. Wie das nächste Kapitel aufzeigt, ist auch die kapitalistische Produktionsweise eng mit der Überhitzung unseres Planeten verflochten.

Kapitel 3:
Fossiler Kapitalismus

Ecology without class struggle is just gardening.
Chico Mendes[79]

Am Anfang war der Streik

Ein weiteres loses Ende, das aus dem unübersichtlichen Wollknäuel der Klimakrise herausschaut, führt uns unmittelbar ins England des 19. Jahrhunderts – in die Zeit der industriellen Revolution also, der wir bereits im vorigen Kapitel begegnet sind. Von Beginn an eng verschlungen mit dem roten Faden des Kolonialismus, ist auch dieses Fadenende merkwürdig ausgefranst, so als hätten bereits Tausende Menschen entschlossen daran gezerrt und gerissen. An einigen Stellen riecht der Faden sogar leicht verbrannt. Eine dieser Stellen, an der der Faden des fossilen Kapitalismus fast Feuer gefangen hätte, ist der 13. August 1842.

An jenem Samstag begann in der unscheinbaren Baumwollspinnerei Bayley in der kleinen nordenglischen Ortschaft Stalybridge der erste Generalstreik der jüngeren Weltgeschichte. Die Spinnerei war eine von unzähligen Fabriken im Großraum Manchester, der Wiege der Industrialisierung. Durch ihre Nähe zur Hafenstadt Liverpool war die Region zu einem Zentrum der Textilindustrie aufgestiegen. Im frühen 19. Jahrhundert hatten die Spinnerei Bayley und viele andere Fabriken ihre Produktion umgestellt und waren von Wasserkraft auf Dampfmaschinen umgestiegen. Manchester wurde durch diese Entwicklung zur ›Maschinenhauptstadt‹ der Welt. Rauchende Schlote prägten das Stadtbild. Doch die rapide Entwicklung der Wirtschaft ging auch mit erbitterten sozialen Konflikten

79 Es handelt sich um eine beliebte Zuschreibung des Zitats, eine genaue Quelle ist jedoch unbekannt.

einher. Bitterste Armut und Elend prägten den Alltag. Hunderttausende Menschen strömten aus ländlichen Gegenden in die Metropole, um dort zu Hungerlöhnen in der Produktion zu arbeiten. Nicht alle ließen diese schlechten Arbeits- und Lebensbedingungen auf sich sitzen. Die Region wurde zum Pulverfass der Auseinandersetzung zwischen Arbeiter*innen und der besitzenden Klasse, der Bourgeoisie. Eine der wichtigsten Parteien in diesen Auseinandersetzungen waren die Chartisten, eine Arbeiterbewegung, die für ein Wahlrecht für (männliche) Arbeiter und für die Einführung des Zehn-Stunden-Tages kämpfte. Immer wieder hatte es unter dem Banner der Chartisten aufflammende Streiks und kleinere Erfolge gegeben.

Doch keiner der bisherigen Arbeitskämpfe kam dem Aufstand gleich, der sich zusammenbraute, als sich die Arbeiter*innen der Baumwollspinnerei Bailey am 13. August 1842 entschieden, die Arbeit niederzulegen. Anstatt in den Betrieb zu gehen, veranstalteten sie eine große Vollversammlung, die Tausende Arbeiter*innen der Stadt anzog und sich auf eine Forderung konzentrierte: Die Dampfmaschinen müssen ausgeschaltet werden!

Der seit den 1820er-Jahren stattfindende Umstieg vieler Betriebe von Wasserkraft auf kohlebetriebene Dampfmaschinen sorgte nämlich für reichlich Unmut unter den Arbeiter*innen. Die Maschinen stanken nicht nur fürchterlich und stellten ein Gesundheitsrisiko dar, sie standen auch stellvertretend für den Verlust von Arbeitsplätzen durch die Technisierung der Produktion. Die Arbeiter*innen von Stalybridge nahmen die Sache dann auch gleich in die eigene Hand. Am Nachmittag teilte sich die Masse, die inzwischen auf 15.000 Menschen angewachsen war, in zwei Gruppen auf – die einen liefen in Richtung der benachbarten Ortschaft Hyde, die anderen in die entgegengesetzte Richtung nach Oldham. Auf dem Weg sabotierten sie systematisch sämtliche Dampfmaschinen, denen sie begegneten, indem sie die Stecker (›plugs‹) der Dampfkessel zogen. In Großbritannien wurde der Aufstand daher später auch als die *Plug Plot Riots* bekannt. Am nächsten Tag waren es bereits 30.000 Menschen, die sich dem Marsch anschlossen und gen Manchester zogen. Die damals eigens zur Bekämpfung derartiger Arbeiter*innenaufstände gegründete Polizei war angesichts der furchtlosen Menschenmassen machtlos. Die Arbeiter*innen erklärten, sie würden lieber unter freiem Himmel auf der Straße sterben als im Maschinenlärm der Fabrik. Ihre Ankunft versetzte die Stadt in Aufruhr und Chaos. Einige Protestierende besetzten erfolgreich die örtliche Polizeistation und warfen die vorgefundenen Möbel auf die Straße. Andere Arbeiter*innen stahlen ein Boot und überquerten den Kanal, um zur Beckton-Mühle zu gelangen, einer der größten Baumwollfabriken der Stadt. Dort zerstörten sie eine brandneue 300 PS-starke Dampfmaschine. Es kam zu wilden Ausschreitungen.

Der Slogan »Stop the Smoke!« wurde zum Motto des Sommers 1842, in dessen Verlauf sich die Proteste immer mehr ausweiteten und schließlich große Teile Englands erfassten. Auf dem Höhepunkt des Streiks gingen mehr als eine halbe Millionen Arbeiter*innen in 32 Landkreisen auf die Straße. Gewerkschaftsnahe Zeitungen wetterten gegen die lärmenden und schmutzigen Dampfmaschinen. Die Kohlegruben und Fabriken Großbritanniens standen still.

Obwohl der Streik schließlich im September endete und die führenden Köpfe des Aufstandes in den folgenden Monaten brutal zur Rechenschaft gezogen wurden, zeigen die Geschehnisse, wie umkämpft das fossile Wirtschaften von Anfang an war. Die Geschichte des Generalstreiks von 1842 ist eine von vielen Anekdoten, die der schwedische Forscher Andreas Malm in seinem Buch *Fossil Capital* heranzieht, um aufzuzeigen, wie sehr die Geschichte des Kapitalismus mit der Nutzung fossiler Energieträger wie Kohle und Öl verflochten ist.[80]

Das Argument, dass die Klimakrise etwas mit unserer Wirtschaftsweise zu tun hat, ist dabei erst einmal schwer von der Hand zu weisen. Bis heute ist die positive Korrelation zwischen dem weltweiten Wirtschaftswachstum und den globalen CO_2-Emissionen eine der zuverlässigsten Konstanten in der sozialwissenschaftlichen Forschung zum Klimawandel. Wie auch die Weltwirtschaft wuchsen die globalen CO_2-Emissionen in den letzten Jahrzehnten fast jedes Jahr stetig an. Die einzigen Reduktionen im globalen CO_2-Ausstoß sind im Rahmen von Wirtschaftskrisen wie nach dem Zusammenbruch der Sowjetunion in den 1990er-Jahren, während der weltweiten Finanzkrise ab 2007/2008 und aktuell im Rahmen der Covid-19-Pandemie zu verzeichnen. Ganz unironisch ließe sich feststellen, dass die

80 Unter dem *fossilen Kapitalismus* versteht Malm »eine Wirtschaft des selbsttragenden, eigenständigen Wachstums, die auf der wachsenden Konsumtion fossiler Brennstoffe beruht und daher ein anhaltendes Wachstum der Kohlendioxidemissionen nach sich zieht.« Malm, Andreas (2016): *Fossil Capital: The Rise of Steam-Power and the Roots of Global Warming*. New York: Verso Books. S. 12.

Variable ›Wirtschaftswachstum‹[81] bislang wesentlich mehr Einfluss auf das Klima hat als jede Form der ›Klimapolitik‹.

Doch wie kam es zu dieser engen Verflechtung von Wirtschaftswachstum und Treibhausgasemissionen? Wieder führt die Spur nach England, denn die englische Wirtschaft des 19. Jahrhunderts war die erste, in der das Wirtschaftswachstum von der Verbrennung fossiler Brennstoffe abhängig wurde, nachdem dort viele Fabriken von Wasserrädern auf Dampfmaschinen umgestiegen waren. Wie im vorigen Kapitel besprochen, ermöglichten dort die Rohstoffe und die Profite aus der Kolonialwirtschaft den Aufbau der ersten umfassenden fossilen Infrastruktur. Doch warum waren die stinkenden Dampfmaschinen bei den Fabrikbesitzer*innen so beliebt? Historische Dokumente belegen, dass Wasserkraft zum Zeitpunkt des Umstiegs noch wesentlich günstiger und rentabler war als die teuren Dampfmaschinen.[82] Anders als es uns einige fatalistische Autor*innen glauben machen wollen, liegt es auch nicht zwingend in der Natur der Menschheit, automatisch massenhaft fossile Brennstoffe[83] zu verbrennen, sobald sie die Möglichkeit dazu erhält. Ein derartiges ›pyromanisches Gen‹ existiert nicht. Schon in der Vergangenheit hatte es in verschiedenen Weltregionen Kohle-Booms gegeben, etwa im China der Song-Dynastie im 11. Jahrhundert oder im elisabethanischen Zeitalter im England des 16. Jahrhunderts. Keiner dieser Aufschwünge in der Kohleindustrie hatte jedoch zur Herausbildung einer *fossilen Wirtschaft* geführt oder gar eine globale Klimakrise hervorgerufen. Was genau unterschied also das Großbritannien des 19. Jahrhunderts von anderen Gesellschaftsordnungen?

Diese Frage beschäftigte schon damals einen bärtigen deutschen Philosophen namens Karl Marx, der nur drei Jahre nach dem großen Gene-

81 Wirtschaftswachstum, gemessen als Wachstum des Bruttoinlandsproduktes (BIP), bezeichnet die Zunahme der produzierten Güter und Dienstleistungen innerhalb eines Wirtschaftsraums. Spätestens mit dem Ende des Zweiten Weltkrieges wurde das Wirtschaftswachstum zu einem der Hauptziele staatlicher Wirtschaftspolitik. Kritiker*innen weisen jedoch darauf hin, dass Wirtschaftswachstum nicht notwendigerweise mit einer Verbesserung der Lebensqualität der Menschen einer Region einhergeht.

82 Malm, Andreas (2016). *Fossil Capital: The Rise of Steam-Power and the Roots of Global Warming*. New York: Verso Books. S. 83.

83 Fossile Brennstoffe wie Braunkohle, Steinkohle, Erdgas und Erdöl entstanden einst aus toten Pflanzen und Tieren. Die Verbrennung von fossilen Brennstoffen setzt Treibhausgase wie CO_2 und Methan frei und ist somit der Hauptgrund für die Entstehung der Klimakrise.

ralstreik zum ersten Mal die rauchenden Schlote der Baumwollmetropole Manchester erblickte. Marx besuchte Manchester gemeinsam mit seinem Freund und Gönner Friedrich Engels, dessen Vater dort eine Baumwollspinnerei besaß. Gemeinsam verbrachten die beiden Männer im Laufe des Sommers 1845 viele Stunden in der altehrwürdigen Chetham-Bibliothek, wo sie wirtschaftswissenschaftliche Bücher lasen, sich Notizen machten und heftig über jüngste politische Entwicklungen diskutierten. Die Industrialisierung Manchesters mit seinen zahlreichen Fabriken und überfüllten Arbeiter*innenvierteln machte einen großen Eindruck auf Marx, der schnell zu dem Schluss kam, dass die hiesigen Entwicklungen die Vorboten eines neuen, revolutionären Zeitalters seien. Gemeinsam mit Engels entwickelt Marx in den kommenden Jahrzehnten eine umfassende Theorie, die deutsche Philosophie, englische Ökonomie und französische Politik zusammenbrachte, um die Entwicklungen und Konflikte seiner Zeit einzufangen und die uns noch heute dabei helfen kann, Entwicklungen in unserer Gesellschaft besser zu verstehen. Im Zentrum der Marxschen Analyse seiner Zeit steht der Begriff der *kapitalistischen Produktionsweise.* Marx war nämlich der Auffassung, dass die Entwicklung einer Gesellschaft sich anhand ihrer dominanten Produktionsweise, also der Art und Weise, wie sie ihre Güter herstellt, charakterisieren lässt. Und er sah voraus, dass die sich in England ausbreitende kapitalistische Produktionsweise schon bald den gesamten Globus dominieren würde.

Marx zufolge weist die kapitalistische Produktionsweise verschiedene Merkmale auf, die sie von anderen Produktionsweisen (wie etwa der mittelalterlichen feudalen Produktionsweise) unterscheiden. Das erste wichtige Merkmal, das Marx nennt, ist die Dominanz der *Warenform.* Das bedeutet, dass die Herstellung von Gütern und Dienstleistungen innerhalb der kapitalistischen Produktionsweise in der Regel nicht auf deren Eigenkonsum, sondern auf ihren Austausch abzielt. Im Gegensatz etwa zur feudalen Produktionsweise, die in Europa dem Kapitalismus vorausging und in der die Produktion für die Selbstversorgung (vor allem auf dem Land) einen wesentlich höheren Stellenwert einnahm, penetriert der Austausch von Waren heute alle Aspekte der menschlichen Existenz. Wer beispielsweise einkaufen geht, Miete bezahlt oder einem Job nachgeht und somit die eigene Arbeitskraft verkauft, beteiligt sich unweigerlich am kapitalistischen Warenaustausch. Ein weiterer verwandter Aspekt der kapitalistischen Produktionsweise ist deshalb die *Marktwirtschaft.* Darunter verstehen Ökonom*innen ein System, in dem die Verteilung von Gütern durch Angebot und Nachfrage auf einem (mehr oder weniger) freien Markt geregelt wird und nicht beispielsweise durch den Staat (wie in einer Planwirtschaft) oder durch Zünfte und Gilden (wie in den Städten des europäischen Mittelalters).

Ein drittes Merkmal der kapitalistischen Produktionsweise ist nach Marx das *Privateigentum der Produktionsmittel*. Das heißt, dass die für die Produktion von Gütern benötigten Fabriken, Felder und Maschinen nicht der Gesellschaft, dem Dorf oder dem Staat gehören, sondern als Eigentum von Privatpersonen oder privaten Unternehmen kontrolliert werden.

Die treibende Kraft hinter der kapitalistischen Produktionsweise ist Marx zufolge die ständige Akkumulation von Kapital. Denn wenn Kapitalist*innen auf dem Markt wettbewerbsfähig bleiben wollen, sind sie dazu gezwungen, ihre Profite ständig zu erhöhen. Akteure, die darin scheitern, gehen langfristig entweder bankrott oder werden von der Konkurrenz ›geschluckt‹. Vereinfacht gesagt läuft die kapitalistische Produktionsweise also auf eine Art unendliches Wettrennen um den Profit hinaus, aus dem es innerhalb der bestehenden Spielregeln keinen Ausstieg gibt.[84] Wer schon einmal das beliebte Brettspiel *Monopoly* gespielt hat, sollte mit dieser Tendenz bestens vertraut sein.[85]

Marx erkannte die enormen sozialen Konsequenzen der Verbreitung der kapitalistischen Produktionsweise mit den genannten Merkmalen. So wuchs im England des 19. Jahrhundert eine gesellschaftliche Ordnung heran, die sich stark von der bis dahin dominanten *feudalen* Gesellschaftsordnung unterschied. Zum ersten Mal bildete sich eine Gesellschaftsschicht heraus, die Marx die *Bourgeoisie* nannten – die besitzende Klasse. Im Gegensatz zum Adel, welcher im mittelalterlichen Feudalismus die dominierende gesellschaftliche Schicht stellte, war die Zugehörigkeit zur Bourgeoisie nicht notwendigerweise an eine noble Geburt geknüpft, es genügte der Kapitalbesitz. Auf der anderen Seite dieser Entwicklung stand ebenfalls eine neue gesellschaftliche Schicht, die Arbeiter*innenklasse. Viele

84 In der Praxis reduzieren aber natürlich Einstiegsbarrieren, Monopolbildungen, staatliche Interventionen und andere Faktoren den Akkumulationszwang in einigen Bereichen der Wirtschaft zu einem gewissen Grad.

85 *Monopoly* wurde übrigens 1903 als »Spiel der Großgrundbesitzer« von der US-amerikanischen Feministin Lizzie Maggie erfunden. Ursprünglich war die Intention des Spiels, die Profitgier der mächtigen Industriemonopolist*innen ihrer Zeit anzuprangern.

der Arbeiter*innen, die ihre Arbeitskraft in den neu entstehenden Fabriken verkaufen mussten, kamen aus Bäuer*innenfamilien, die im Rahmen der sogenannten *enclosures*[86] von ihrem Land vertrieben worden waren. Während Kapitalist*innen, Fabrikbesitzer*innen und Großunternehmer*innen im ständigen Wettbewerb miteinander standen, noch mehr Kapital anzuhäufen, hatten die Arbeiter*innen entgegengesetzte Interessen. Sie kämpften für bessere Arbeitsbedingungen, ein würdiges Leben und eine Teilhabe am Produktionsprozess.[87]

In ihren groben Zügen kann uns diese frühe marxistische Analyse dabei helfen, die Entstehung der fossilen Wirtschaftsweise im frühindustriellen England besser zu verstehen. Denn in Anbetracht der gegenteiligen (›antagonistischen‹) Interessen beider Klassen ist es nicht weiter verwunderlich, dass es immer wieder zu großen Streiks und Aufständen kam, also letztlich zu Klassenkämpfen. Anhand dieser Klasseninteressen lässt sich auch erklären, warum die Dampfmaschine im frühen Kapitalismus trotz ihrer hohen Kosten von den Fabrikbesitzer*innen so begeistert aufgenommen wurde. Die Einführung der Dampfmaschine verschaffte der Bourgeoisie in der Auseinandersetzung mit der Arbeiter*innenklasse nämlich mehrere entscheidende Vorteile. Dank der Dampfmaschine konnten Kapitalist*innen

86 Als *enclosure* wurde im frühmodernen England die Umwandlung von ehemals gemeinschaftlich genutzten landwirtschaftlichen Flächen (den sogenannten *commons*) in privaten und kommerziellen Landbesitz bezeichnet. Die Bezeichnung enclosure (deutsch: ›Einhegung‹, ›Einschließung‹) bezieht sich darauf, dass die entsprechenden Flächen häufig durch ihre Besitzer*innen eingezäunt wurden, um andere daran zu hindern, das Land mitzubenutzen. Von den enclosures profitierten insbesondere reiche Landbesitzer*innen, die durch die Erträge der neugewonnen privaten landwirtschaftlichen Flächen ihre Profite steigern konnten. Die betroffene Landbevölkerung hingegen, für die die commons eine wichtige Lebensgrundlage darstellten, sah sich infolge der enclosures häufig dazu gezwungen, in den Städten nach Arbeit zu suchen.

87 Seit jeher wurde Marx' Analyse des Kapitalismus nicht nur von liberalen Ökonom*innen und bürgerliche Intellektuellen attackiert. Auch von kapitalismuskritischen Theoretiker*innen wurde die marxistische Kapitalismusanalyse im Laufe der Zeit vielfach kritisiert und weiterentwickelt. Unter anderem bemängeln Kritiker*innen, dass Marx' Theorie zu *eurozentrisch* sei – dass sich also seine historischen und ökonomischen Modelle in erster Linie auf Europa beziehen und sich nur bedingt auf andere gesellschaftliche Kontexte übertragen lassen. Andere kritische Kommentator*innen kritisieren Marx' aus einer feministischen Perspektive und weisen auf dessen mangelnde Anerkennung patriarchaler Herrschaftsmechanismen hin. Darüber hinaus gibt es viele weitere umstrittene inhaltliche Aspekte der Marx'schen Analyse. Eine detaillierte Besprechung der Geschichte der Kapitalismuskritik könnte wohl eine ganze Bibliothek füllen.

die Baumwollproduktion und andere Industriezweige von den häufig in ländlichen Gegenden gelegenen Flussläufen in die Zentren großer Städte verlagern. Dort konnten Aufstände der Arbeiter*innen schneller von der damals gerade entstehenden Polizei unter Kontrolle gebracht werden. Außerdem konnten in den großen Städten schneller Streikbrecher*innen angeheuert und unliebsame Arbeiter*innen ersetzt werden. Anders als bei der Energiegewinnung durch Wasserräder gab es bei Dampfmaschinen auch keine natürlichen Schwankungen in der Produktion. Dampfmaschinen lieferten konstant Energie und konnten sogar bei Bedarf mit erhöhtem Takt betrieben werden. Die Sorgen der Kapitalist*innen, im Falle der Einführung eines Zehn-Stunden-Tages, die bei niedrigem Wasserstand ›verpassten‹ Produktionsstunden am Wasserrad nicht mehr einfach wie üblich am nächsten Tag aufholen zu können, wurden durch die Einführung einer Dampfmaschine zerstreut. So ist es nicht weiter verwunderlich, dass viele Fabriken in den 1820er-Jahren Dampfmaschinen erwarben, auch wenn diese neue Technologie zunächst wesentlich teurer war als die Nutzung von Wasserkraft. Es ist aber auch verständlich, dass sich die Arbeiter*innen vehement gegen die Einführung der neuen Technologie wehrten.

Darüber, was passiert wäre, wenn der Streik von 1842 Erfolg gehabt hätte, können wir nur spekulieren. Es liegt jedenfalls nahe, dass es in einer anderen Gesellschafts- und Wirtschaftsordnung vielleicht gar nicht erst zur Entwicklung einer fossilen Wirtschaft gekommen wäre. Malm erzählt in seinem Buch auch die Geschichte einer geplanten Umleitung des Irwell-Flusses in der Nähe von Manchester im Jahr 1829. Ein brillanter Ingenieur hatte dort einen Plan entwickelt, der viele Städte in einem nahegelegenen Tal mit günstiger und verlässlicher Wasserkraft versorgen würde. Der Plan scheiterte aber letztendlich daran, dass die ortsansässigen Kapitalist*innen sich nicht darüber einigen konnten, wer die Finanzierung des Projektes übernehmen sollte und wie das Wasser aufgeteilt werden würde. Die Irwell-Anekdote ist ein Beispiel für das grundlegende Dilemma, das die Nutzung von erneuerbaren Energien innerhalb der kapitalistischen Produktionsweise betrifft: Im Gegensatz zu fossilen Energieträgern wie Kohle und Erdöl ist die Gewinnung erneuerbarer Energien nämlich in vielen Fällen nur schwer mit der kapitalistischen Warenform kompatibel. Im Rahmen einer Produktionsweise, die auf einer Kombination von Privateigentum und Profitzwang beruht, gibt es jedoch nur geringe Anreize dafür, Gemeingüter wie etwa eine Wasserversorgung bereitzustellen.[88] Hätte beispielsweise Kapitalist X allein für die Umleitung des Flusses bezahlt, hätte er nicht ausschließen können, dass sein Nachbar Y sich ebenfalls ein Wasserrad baut und von der Flussumleitung profitiert, ohne sich angemessen an der Finanzierung des Projekts zu beteiligen. Im Rahmen einer anderen Produktionsweise hingegen, die Kooperation und gemeinsame Produktion in den Vordergrund stellt, hätten Projekte wie die Irwell-Umleitung unter Umständen ein neues Zeitalter der erneuerbaren Energien einläuten können.

Von der Kohle zum Erdöl: Ein Update für den fossilen Kapitalismus

Seit der Herausbildung der kapitalistischen Produktionsweise im England des 19. Jahrhunderts ist viel Zeit vergangen. Doch der Strang des fossilen Kapitalismus, von Beginn an eng mit Kolonialismus und Umweltzerstörung verknotet, verlor sich nicht in den Tiefen der Geschichtsbücher, sondern wurde im Laufe der Zeit immer dicker. Im 20. Jahrhundert erfolgte ein weiterer wichtiger Wandel in der globalen Energie-Infrastruktur – der Umstieg von Kohle auf Öl und Gas. Wieder war die großflächige Einführung einer neuen Energiequelle sowohl Gegenstand als auch Resultat erbitterter sozialer Konflikte. Denn die Arbeiter*innen in der Kohleindustrie hatten seit den ersten Streiks immer besser gelernt, ihre strategische Positionierung im unebenen Spielfeld des fossilen Kapitalismus zu nutzen, um ihre Klasseninteressen durchzusetzen. Riesige Streiks der Kohle- und Eisenbahnarbeiter*innen hielten die Welt in Atem. Durch Massenaktionen in England, Belgien, Frankreich und Deutschland erkämpften die Arbeiter*innenklassen dieser Länder sukzessive die Ausweitung des Wahlrechts, den Achtstundentag, Sozial- und Krankenversicherung und eine politische Vertretung. Auch in den USA, die nach dem ersten Weltkrieg zunehmend Großbritannien als Weltmacht ablösten, kam es zu einer Welle von Streiks und Aufständen.

Das US-amerikanische Bürgertum begann daher, nach alternativen Energiequellen zu suchen, um die Verhandlungsmacht der organisierten

88 Bei Gemeingütern handelt es sich um Güter, die einer Gruppe von Menschen Vorteile bringen, ohne dass diese notwendigerweise dafür bezahlen müssen – also zum Beispiel öffentliche Spielplätze, saubere Luft oder eine Flussumleitung, von der ein ganzes Tal profitieren würde.

Kohlearbeiter*innen zu schwächen. Es fand diese Alternative im Erdöl. Anders als im Kohlebergbau wird nämlich für die Gewinnung von Erdöl keine besonders große Arbeiter*innenschaft benötigt. Außerdem lässt sich Öl wesentlich einfacher verschiffen und in Pipelines transportieren als Kohle, die häufig mit Eisenbahnen befördert wird. Das gilt auch für Erdgas, welches oft gemeinsam mit Erdöl gewonnen wird. Diese Begebenheiten waren ein wesentlicher Grund dafür, dass die USA im frühen 20. Jahrhundert als erste moderne Nation in großem Stil auf Erdöl und Erdgas setzte.

Wie der Historiker und Politikwissenschaftler Timothy Mitchell in seinem Buch *Carbon Democracy* darlegt, wurde das amerikanische Modell zum Ende des zweiten Weltkriegs im Rahmen des sogenannten Marshall-Plans mit dem expliziten Ziel, dort ebenfalls die Macht der Arbeiter*innenbewegung zu untergraben, auch nach Westeuropa exportiert.[89] Ein erster Schritt war die Gründung der Montanunion, der Vorgängerin der Europäischen Union, die zu einem verstärkten Wettbewerb und zu Schließungen und Entlassungen in der Kohleindustrie führte. Außerdem wurden durch amerikanische Kredite zahlreicher Ölraffinerien, eine Pipeline nach Saudi-Arabien, Straßenbau und der Aufbau der Autoindustrie in Europa finanziert. Diese Maßnahmen führten dazu, dass der Anteil von Erdöl am europäischen Energiemix zwischen 1948 und 1960 von 10 % auf über 30 % anstieg.[90] Und auch in anderen Erdteilen – im Nahen Osten, in Westafrika, in Venezuela und in Hafenstädten wie Singapur – wurde Erdöl zum dominierenden Wirtschaftsfaktor. Obwohl es selbstverständlich auch in der Öl- und Gasindustrie zu spektakulären Streiks und Widerstandsaktionen kam (zum Beispiel durch Pipeline-Sabotage), erreichte der Widerstand der Arbeiter*innen nie wieder die gleiche Wucht, die er noch im Kohlezeitalter besessen hatte. Derart geschwächt, schaffte es die Arbeiter*innenbewegung nicht, der Intensivierung des ›Klassenkampfes von oben‹ und der weiteren Expansion des fossilen Kapitalismus in der zweiten Hälfte des 20. Jahrhunderts etwas entgegenzusetzen. Der einst so ausgefranste und angesengte rote Faden des Kapitalismus war inzwischen zu einem dicken Seil geworden, dessen Zerschlagung selbst den radikalsten gesellschaftlichen Kräften zunehmend unwahrscheinlich vorkam. Auch am Weltklima ging diese

89 Mitchell, Timothy (2011): *Carbon Democracy: Political Power in the Age of Oil.* New York: Verso Books.

90 Ebd., S. 31.

Entwicklung nicht spurlos vorbei: In nur drei Jahrzehnten verdoppelte sich zwischen 1990 und 2020 die Menge der von Menschen ausgestoßenen Treibhausgase in der Erdatmosphäre – ein einzigartiger Anstieg in ihrer jüngeren Geschichte.[91] Zu verdanken ist diese Explosion dem Siegeszug einer neuen Phase des Kapitalismus: dem *Neoliberalismus*.

Neoliberaler Klimasch(m)utz

Noch vor einigen Jahrzehnten handelte es sich beim Neoliberalismus um eine wenig beachtete ökonomische Denkschule, die – wie der Name bereits verrät – an das Erbe des ökonomischen Liberalismus[92] anknüpfte, eine Denktradition, die die ›wirtschaftliche Freiheit‹ in den Mittelpunkt ihrer Überlegungen stellte. Als der vielleicht prominenteste Vertreter des Neoliberalismus gilt der österreichische Ökonom Friedrich Hayek (1899–1992). Hayek wurde unter anderem dafür bekannt, dass er Eingriffe des Staates in die Wirtschaft – also auch Konjunkturpakete – vehement ablehnte und stattdessen auf die ›Selbstheilungskräfte‹ des Marktes pochte. In den Jahren nach der weltweiten Wirtschaftskrise von 1929, die die Risiken eines entfesselten Marktes nur allzu deutlich aufgezeigt hatte, war das verständlicherweise keine besonders beliebte Ansicht. Es dominierten die Ansichten und Analysen des britischen Ökonomen John Maynard Keynes, der dem Staat eine wichtige Rolle in der Steuerung der Wirtschaft zuschrieb und dessen Theorien sich in der Bewältigung der Wirtschaftskrise 1929 nach Ansicht vieler Ökonom*innen erfolgreich bewährt hatten.

---

91 Boden, T.A., G. Marland, und R.J. Andres (2017/2020): Global, Regional, and National Fossil-Fuel CO_2 Emissions. In: *Carbon Dioxide Information Analysis Center*, Oak Ridge National Laboratory, U.S. Department of Energy, Oak Ridge, Tenn., U.S.A. doi 10.3334/CDIAC/00001_V2017. https://cdiac.ess-dive.lbl.gov/trends/emis/tre_glob_2014.html (28.11.2020)

92 Der Wirtschaftsliberalismus ist im Übrigen nicht zu verwechseln mit der Tradition des politischen Liberalismus, die sich der Verteidigung politischer Grundrechte verpflichtet sieht. Bereits in der frühen Geschichte des Neoliberalismus zeigte sich, dass die Freiheit des Marktes nicht zwingend mit einem Bekenntnis zur Freiheit der Menschen einhergeht. Die chilenische Pinochet-Diktatur etwa, wo Ökonom*innen der Chicagoer Schule erstmals im großen Stil eine neoliberale Wirtschaftspolitik gestalteten, war berüchtigt für ihre vielfältigen Menschenrechtsverletzungen – Tausende Oppositionelle bleiben dort bis heute verschollen. Auch in China, wo unter Deng Xiaoping ab 1978 zahlreiche neoliberale Reformen durchgeführt wurden, wurde Widerstand oft brutal niedergeschlagen.

Das änderte sich mit dem Siegeszug der globalen Bourgeoisie[93] und des fossilen Kapitals über die Arbeiter*innenbewegung in der zweiten Hälfte des 20. Jahrhunderts und spätestens mit dem Zerfall der Sowjetunion und dem Ende des Kalten Kriegs. Es begann eine »schleichende neoliberale Revolution«[94], die das Leben von Menschen überall auf der Welt fundamental veränderte: die Politik, das Recht, die Kultur, die Bildung, die Familie und die Geschlechterrollen. Die Doktrin, dass der Staat nicht in die Wirtschaft eingreifen und sich darauf beschränken solle, einen fairen Wettbewerb zu garantieren, wurde zum neuen ökonomischen Common Sense. Der neoliberale US-amerikanische Präsident Ronald Reagan brachte die neue Maxime auf den Punkt, als er 1986 im Weißen Haus verkündete: »Die Regierung ist nicht die Lösung des Problems – sie ist das Problem.«[95]

In der Praxis bedeuteten die Reformen der neoliberalen Ära fast überall auf der Welt den Abbau sozialstaatlicher Leistungen, die Privatisierung öffentlicher Infrastruktur und die Deregulierung der Märkte. In Deutschland beinhalteten die neoliberalen Reformen die Abschaffung der Sozialhilfe, die Reform der Rentenversicherung und die Öffnung des Niedriglohnsektors im Rahmen der Agenda 2010. Außerdem wurden zahlreiche Einrichtungen der öffentlichen Daseinsvorsorge privatisiert oder teilprivatisiert, etwa im Gesundheitssystem, im Wohnungsbau und die einstigen Staatskonzerne Deutsche Post, Telekom und Lufthansa. Fatal war die neoliberale Politik aber insbesondere in weniger industrialisierten Ländern. Als in den 1980er-Jahren immer mehr Länder des Globalen Südens Zahlungsschwierigkeiten erfuhren, wurden sie durch die von den Industrienationen des globalen Nordens dominierte Weltbank und der Internationale Währungsfonds (IWF), im Gegenzug für die Erteilung von Krediten dazu gedrängt, sogenannte ›Strukturanpassungsprogramme‹ umzusetzen. In vielen Hauptstädten der Welt gingen die Berater*innen der Weltbank und des IMF damals ein- und aus, als würden sie selbst die Regierungsgeschäfte führen. Sie nötigten die Regierungen, ihre Märkte für den freien Handel zu öffnen und Zölle und Handelsbarrieren abzubauen.

---

93 S. Kapitel 7 in: Mitchell, Timothy (2011): *Carbon Democracy: Political Power in the Age of Oil*. New York: Verso Books.

94 Brown, Wendy (2015): *Die schleichende Revolution – Wie der Neoliberalismus die Demokratie zerstört*. Berlin: Suhrkamp.

95 Wernicke, Christian (2011). Verrückt nach Ronald. In: *Süddeutsche Zeitung*. https://www.sueddeutsche.de/politik/ronald-reagan-100-geburtstag-verrueckt-nach-ronald-1.1055836-2 (28.11.2020)

Außerdem setzten sie durch, dass immer mehr Länder ihre Wechselkurse entkoppelten, Staatsbetriebe privatisierten und drastische Sparmaßnahmen im öffentlichen Sektor verabschiedeten.

Die Deregulierung der Märkte ging in vielen Ländern auch mit dem Abbau von Umweltstandards einher. Multinationale Unternehmen sicherten sich Zugang zu wichtigen Rohstoffen, darunter auch fossilen Energieträgern. Auf diese Weise verursachte die neoliberale Revolution nicht nur eine drastische Verschärfung der globalen Ungleichheit, sondern legte auch die Grundlage für die andauernde Expansion des fossilen Kapitalismus und eine Explosion der globalen CO_2-Emissionen. Eine besondere Rolle spielte dabei China, welches seit den ersten marktwirtschaftlichen Reformen unter Deng Xiaoping im Jahr 1978 zur ›Werkbank der Welt‹ avancierte. Wie die anonymen Autor*innen des kritischen Autor*innenkollektivs *Chuang* argumentieren, war die schrittweise Öffnung des chinesischen Marktes zumindest teilweise das Resultat einer Krise des globalen Kapitals in den 1970er-Jahren, für welches das chinesische Festland einen idealen Parkplatz darstellte.[96] Die in den folgenden Jahrzehnten nach China fließenden Investments stießen jedoch nicht nur das rasanteste Wirtschaftswunder der Weltgeschichte an und halfen dabei, Hunderte Millionen Menschen aus der Armut zu befreien, sie hatte auch dramatische Folgen für das Schicksal des Planeten. Denn das rapide Wirtschaftswachstum konnte nur durch die systematische Aushöhlung von Umwelt- und Arbeitsstandards ermöglicht werden, ein Entwicklungsmodell, das wiederum den ökologischen Fußabdruck der Industrie in die Höhe schnellen ließ. Inzwischen stammen knapp ein Drittel der gesamten weltweiten Treibhausgasemissionen aus dem chinesischen Festland – mehr als die folgenden fünf Länder zusammengenommen.[97]

Ein weiterer, oft unterbelichteter Aspekt der neoliberalen Wende der letzten 40 Jahre ist die sogenannte *Grüne Revolution*, eine bedeutende Wende in der Landwirtschaftspolitik vieler Länder. Mit der Unterstützung internationaler Organisationen und privater Stiftungen wie der Ford-Stiftung organisierten Länder und Regionen von Indien bis Mexiko im

---

96 Chuang (2019): *Frontiers.* Volume 2. Web. http://chuangcn.org/journal/two/red-dust/pacific-rim/ (07.01.2021)

97 Diese sind: USA, Indien, Russland, Japan und Deutschland. Allerdings entfällt ein erheblicher Teil der Emissionen Chinas auf die Exportindustrie und somit auf die Herstellung von Gütern, die in anderen Ländern konsumiert werden.

Rahmen der Grünen Revolution ihre landwirtschaftliche Produktion nach marktwirtschaftlichen Prinzipien neu. Kleinbäuerliche Betriebe wichen größeren Farmen. Traditionelle Anbaumethoden wurden ersetzt durch intensive Bewässerung, die Nutzung von Pestiziden und durch den Einsatz von Mineraldünger. Auch das Saatgut wurde privatisiert. Anstatt ihr eigenes Saatgut einzubehalten, wurden Bäuer*innen dazu angehalten, jedes Jahr neue leistungsfähige, genveränderte Samen von Großunternehmen wie Monsanto[98] zu kaufen. Dass die Reformen der Grünen Revolution die landwirtschaftliche Produktion in vielen Ländern erheblich erhöhten und dazu beitrugen, das weltweite Hungerproblem kurzfristig zu bekämpfen, ist unbestritten. Der ›Vater‹ der Grünen Revolution, der US-amerikanische Agrarwissenschaftler Norman Borlaug, bekam dafür gar den Friedensnobelpreis verliehen. Nur wenige Jahrzehnte später zeichnet sich aber ab, dass viele der eingeführten Methoden alles andere als nachhaltig sind. Der Fokus auf einige wenige Hochertragssorten führte zu einem gigantischen Verlust an Biodiversität. Das Auslaugen der Böden und die Umweltbelastung durch die Nutzung von Mineraldünger und Pestiziden stellen ein weiteres Problem dar. In Regionen wie Nordindien ist der Wasserverbrauch aufgrund der intensiven landwirtschaftlichen Nutzung so stark angestiegen, dass immer tiefere Brunnen gebohrt werden müssen und die Grundwasservorräte langsam zur Neige gehen. All dies geschieht, obwohl die weltweite Nahrungsmittelproduktion bereits heute theoretisch ausreichen würde, um zehn Milliarden Menschen zu ernähren.[99] Dass Hunderte Millionen Menschen dennoch hungern müssen, liegt also nicht primär an der Menge der produzierten Lebensmittel, sondern an deren Verteilung.[100]

Da der Agrarsektor laut dem UN-Weltklimarat für knapp ein Viertel der globalen Treibhausgasemissionen verantwortlich ist, ist die *Grüne Revolution* auch aus einer Klimagerechtigkeitsperspektive ein wichtiges

---

98 Seit 2018 gehört Monsanto übrigens der in Leverkusen ansässigen Bayer AG.

99 Eric Holt-Giménez, Annie Shattuck, Miguel Altieri, Hans Herren & Steve Gliessman (2012): We Already Grow Enough Food for 10 Billion People ... and Still Can't End Hunger, *Journal of Sustainable Agriculture*, 36:6, S. 595-598. http://dx.doi.org/10.1080/10440046.2012.695331

100 Weitere Faktoren tragen zur Komplexität der Sachlage bei. Um eine langfristige Ernährungssicherung zu garantieren, müsste beispielsweise mit hoher Wahrscheinlichkeit auch die steigende, aber landwirtschaftlich eher ineffiziente Fleischproduktion zurückgefahren werden.

Thema.[101] Umweltgerechtigkeitsaktivist*innen setzen sich schon lange für eine alternative und demokratische Landwirtschaft ein, die sich nicht an den Profitinteressen von Agrarkonzernen, sondern an den Bedürfnissen und am Wissen der Bäuer*innen und der Indigenen Bevölkerung orientiert.

Neoliberales Gedankengut beeinflusste aber nicht nur die Landwirtschaftspolitik der letzten Jahrzehnte, sondern prägte auch von Beginn an die Sprache und die Methodik der internationalen Klimaverhandlungen. Anstatt beispielsweise den Bau neuer fossiler Infrastruktur einfach zu verbieten, nachdem die Gefahr des Klimawandels bekannt wurde, setzten die Vereinten Nationen auf sogenannte *marktwirtschaftliche* Instrumente, die den Klimawandel bekämpfen sollten, ohne die kapitalistische Ordnung zu gefährden. Das Knäuel der Klimakrise sollte gelöst werden, ohne den langen roten Faden der kapitalistischen Produktionsweise auch nur anzutasten.

Ein solches marktwirtschaftliches Instrument, der Emissionshandel, wurde 1997 auf Betreiben der Delegation der USA zum Hauptmechanismus des ersten großen Klimaabkommens, des Kyoto-Protokolls.[102] Auf europäischer Ebene gibt es seit 2005 ebenfalls ein EU-weites Emissionshandelssystem. Hinter dem Emissionshandel steht die Idee, dass alle beteiligten Parteien gemeinsam eine Obergrenze an CO_2-Emissionen festlegen. Anschließend wird jedem Land (beziehungsweise jeder Industrie) ein gewisses CO_2-Budget gutgeschrieben. Wer mehr CO_2 ausstoßen möchte, als das eigene CO_2-Budget hergibt, muss dann anderen Parteien, die weniger verbrauchen, die entsprechenden Rechte abkaufen. So kann angeblich der CO_2-Gesamtausstoß gedeckelt werden, ohne dass der Staat durch Verbote oder Verstaatlichungen in die Wirtschaft eingreifen muss. Klingt erst einmal gut? Das Problem ist jedoch, dass ein Emissionshandelssystem in keiner Weise die fundamentalen Widersprüche zwischen kapitalistischer Akkumulationslogik und Klimaschutz adressiert. Solange Staaten und Unternehmen sich gegenseitig als Wettbewerber*innen in einer ständig wachsenden Wirtschaft wahrnehmen, gibt es also nur geringe Anreize, sich überhaupt auf ein angemessenes CO_2-Budget zu einigen.

---

101 IPCC (2019): *IPCC Special Report on Climate Change, Desertification, Land Degradation, Sustainable Land Management, Food Security, and Greenhouse gas fluxes in Terrestrial Ecosystems.* https://www.ipcc.ch/site/assets/uploads/2019/08/4.-SPM_Approved_Microsite_FINAL.pdf (28.11.2020)

102 Letztendlich lehnten die USA 2001 dennoch die Ratifikation des Kyoto-Protokolls ab, nachdem George W. Bush die Präsidentschaftswahlen für sich entschieden hatte.

So überrascht es nicht, dass die bisherigen Versuche, ein funktionierendes ambitioniertes Emissionshandelssystem zu etablieren, allesamt scheiterten. Stattdessen wird häufig mit ›heißer Luft‹ gehandelt – in Kyoto beispielsweise bekamen Länder wie Russland und die Ukraine CO_2-Budgets zugesprochen, die weit über ihre realen Emissionen hinausgingen. Diese Zertifikate konnten anschließend auf dem Emissionsmarkt verkauft werden und erlaubten anderen Ländern, ihren CO_2-Ausstoß signifikant zu erhöhen. In der Regel verfügen Emissionshandelssysteme außerdem über sogenannte ›Clean Development‹-Optionen. Das bedeutet, dass Länder oder Firmen ihre CO_2-Emissionen dadurch ausgleichen können, dass sie anderswo vermeintlich ›saubere‹ Projekte fördern. Wie in Kapitel 2 unter dem Stichwort ›Carbon Offsetting‹ besprochen, sind solche Projekte jedoch häufig umstritten und basieren nicht selten auf rein fiktionalen Emissionseinsparungen. Auch die Einführung des EU-Emissionshandelssystems wurde von viel ›heißer Luft‹ begleitet. Für den Zeitraum zwischen 2008 und 2012 wurden beispielsweise vielen Unternehmen wesentlich mehr Zertifikate zugesprochen als sie aufgrund der globalen Wirtschaftskrise wirklich benötigten. Anstatt – wie angedacht – einen Kostenfaktor und somit einen Anreiz für die Reduktion von Emissionen darzustellen, wurden die Zertifikate dadurch für CO_2-intensive Firmen sogar zu einer zusätzlichen Einkommensquelle. Nach Ansicht von Theoretiker*innen wie dem Autor*innentrio Steffen Böhm, Maria Ceci Misoczky und Sandra Moog lassen sich diese Vorfälle aber nicht einfach als schlechte Umsetzung einer guten Idee erklären. In ihrem Paper *Greening Capitalism?* argumentieren die Autor*innen, dass das anhaltende Scheitern des Emissionshandels vielmehr ein zwingendes Resultat der Widersprüche zwischen Wachstumszwang und kolonialen Strukturen auf der einen Seite und Nachhaltigkeit und Klimaschutz auf der anderen Seit seien.[103] Vielleicht, so die Autor*innen, wird es der Kapitalismus eines Tages schaffen, sich selbst zu reformieren. Bislang seien die Anzeichen jedoch nur wenig verheißungsvoll.

Ähnlich dem Emissionshandel verspricht auch die *CO_2-Steuer*, durch eine erhöhte Bepreisung von CO_2-Emissionen Anreize für Unternehmen und Verbraucher*innen zu schaffen, ihre Emissionen zu reduzieren. Gleich-

103 Böhm, Steffen, Maria Ceci Misoczky und Sandra Moog (2012): Greening Capitalism? A Marxist Critique of Carbon Markets. In: *Organization Studies*, 33(11). S. 1617-1638. http://repository.essex.ac.uk/5369/1/Boehm_et_al_-_proof.pdf (13.01.2021)

zeitig würde die Steuer Geld in die Staatskassen spülen, welches wiederum in die Förderung nachhaltiger Projekte fließen könnte. In Schweden, Frankreich und der Schweiz gibt es bereits seit Längerem eine CO_2-Abgabe. Seit der Einführung eines CO_2-Preises von 35 Euro pro Tonne CO_2 im Januar 2021 gehört auch Deutschland zu den Ländern, die eine CO_2-Steuer erheben. Das Prinzip hinter der Steuer klingt zunächst einleuchtend: Die Abgabe soll dafür sorgen, dass Emittent*innen endlich die realen Kosten ihrer Umweltverschmutzung tragen. An dieser Darstellung orientieren sich auch die Forderungen für die Höhe einer potenziellen CO_2-Steuer. Ein Beispiel dafür findet sich in einem Forderungskatalog von Fridays for Future Deutschland:

> »Der Preis für den Ausstoß von Treibhausgasen muss schnell so hoch werden wie die Kosten, die dadurch uns und zukünftigen Generationen entstehen. Laut UBA sind das 180 € pro Tonne CO_2«[104]

Der Haken dabei: Allein die Einführung einer CO_2-Steuer verhindert keineswegs, dass die Kosten der verursachten Treibhausgasemissionen durch verschmutzende Industrien einseitig auf die Konsument*innen (also das ›uns‹ im FFF-Dokument) abgewälzt werden. In vielen Lebensbereichen können Konsument*innen nämlich nicht einfach von heute auf morgen ihr Konsumverhalten anpassen. Das gilt sowohl für einzelne Konsument*innen, beispielsweise Menschen, die darauf angewiesen sind, mit dem Auto zur Arbeit zu fahren, oder deren Mietshaus über eine Ölheizung verfügt, als auch für Industriebetriebe, in denen bestimmte Anlagen auf die Nutzung fossiler Brennstoffe ausgelegt sind. Selbst wesentlich höhere Kohlenstoffpreise würden deshalb in vielen Sektoren zunächst nur eine geringe Auswirkung auf den tatsächlichen CO_2-Ausstoß haben. Wirtschaftswissenschaftler*innen sprechen bei diesem Phänomen von der geringen *Preiselastizität der Nachfrage* bei fossilen Brennstoffen.[105] Langfristig könnte die Steuer zwar wichtige Anreize setzen, doch solange es den Unternehmen möglich ist, die Kosten einer CO_2-Steuer nahezu vollständig auf Konsument*innen abzuwälzen kann von Klimagerechtigkeit nicht die

104 Fridays for Future (2019/2020): *Unsere Forderungen an die Politik*. https://fridaysforfuture.de/forderungen/ (28.11.2020)

105 s. z.B. Hössinger, Reinhard et al. (2017). Estimating the price elasticity of fuel demand with stated preferences derived from a situational approach. *Transportation Research Part A: Policy and Practice* 103. S. 154-171.

Rede sein. Unter diesen Gesichtspunkten ist nicht überraschend, dass es in den letzten Jahren vielerorts zu heftigen Protesten gegen CO_2- und Treibstoffsteuern kam – ob in Frankreich (mit der Gelbwestenbewegung), im Iran, in Haiti oder in Ecuador. Der Journalist und Autor Ben Ehrenreich sieht diese Bewegungen als Teil einer weltweiten »Rebellion gegen den Neoliberalismus«.[106]

Auf der anderen Seite setzen sich ausgerechnet große Ölfirmen wie ExxonMobil, Shell und BP über Lobbyorganisationen wie den *Climate Leadership Council*[107] für die Einführung eines CO_2-Preises ein, während sie gleichzeitig planen, ihre Erdöl- und Gasproduktion weiter zu erhöhen.[108] Die Klimabewegung muss hier entscheiden: Stellt sie sich an die Seite der Reichen und Mächtigen, die über eine CO_2-Steuer die Kosten der Krise auf diejenigen umlegen wollen, die zum Heizen, Kochen oder für ihre Mobilität auf CO_2-Emissionen angewiesen sind? Oder fordert sie, dass diejenigen, die die Verantwortung für die Krise tragen, auch angemessen dafür zur Kasse gebeten werden? Angemerkt sei an dieser Stelle, dass es durchaus Vorschläge dafür gibt, wie sich eine CO_2-Steuer gerechter gestalten ließe – beispielsweise über eine Umverteilung des Steueraufkommens. Doch selbst eine derartige ›gerechte‹ Steuer würde der Klimakrise nicht beikommen, sofern sie nicht von einer viel tiefgreifenderen Veränderung des Wirtschaftssystems begleitet würde.

Sowohl der Emissionshandel als auch die CO_2-Steuer haben nämlich eines gemeinsam: Sie basieren auf der neoliberalen Erzählung, dass der Klimawandel eine marktwirtschaftliche ›Externalität‹[109] ist, also ein Phä-

---

106 Ehrenreich, Ben (2019): Welcome to the Global Rebellion Against Neoliberalism. *The Nation*. Web. https://www.thenation.com/article/archive/global-rebellions-inequality/ (28.11.2020)

107 https://clcouncil.org/ (30.11.2020)

108 Ghillarducci, Teresa (2019): Why Big Business Might Welcome A Carbon Tax. https://www.forbes.com/sites/teresaghilarducci/2019/03/11/why-big-business-might-welcome-a-carbon-tax/ (28.11.2020)

109 Als Externalitäten werden im wirtschaftswissenschaftlichen Jargon Nebeneffekte bezeichnet, die bei der Produktion oder beim Konsum von Gütern entstehen, die sich auf unbeteiligte Personen beziehen und die nicht im Preis der Güter miteinberechnet sind. Die Produktion von Honig beispielsweise hat den positiven Nebeneffekt, dass die Bienen eines Bienenstocks oft bei der Bestäubung benachbarter Obstwiesen mithelfen – selbst wenn die Besitzerinnen der Obstwiese dafür in der Regel nicht bezahlen (und die Leistung nicht im Marktpreis des Honigs enthalten ist). Der Klimawandel hingegen wird gerne als Beispiel für eine negative Externalität angeführt, da die CO2-Emissionen, die bei der Produktion von Öl, Gas, Kohle,

nomen, das *außerhalb* des Marktes zu lokalisieren ist. Die Lösung für ein solches Problem, so sieht es jedes neoliberale VWL-Lehrbuch vor, ist es, die Kosten der Klimakrise zu ›internalisieren‹ und in die Marktwirtschaft zu integrieren. Alles deutet jedoch darauf hin, dass der Klimawandel nicht einfach von außen auf unsere Gesellschaft einwirkt, sondern eine *Internalität* der kapitalistischen Produktionsweise selbst ist, die in ihrer modernen Form fundamental auf der Verbrennung fossiler Brennstoffe basiert. Eine einfache Erweiterung des kapitalistischen Systems um Kohlenstoffmärkte würde demzufolge das grundlegende Problem nicht lösen.

Trotz ihres kontinuierlichen Scheiterns hält die Politik gerne an marktwirtschaftlichen Instrumenten fest. Zu bequem ist die Vorstellung, das Klima zu retten und dabei auch noch einen Riesenhaufen Geld verdienen zu können, ohne in die Wirtschaft eingreifen zu müssen. Tatsächlich stellen sogenannte ›Kohlenstoffmärkte‹, also der Handel mit Emissionszertifikaten und CO_2-Ausgleichsprojekten, inzwischen einen lukrativen Wirtschaftszweig mit einem Volumen von über 200 Milliarden US-Dollar dar.[110] Konservative Politiker*innen und Investor*innen sprechen mit Blick auf solche Zahlen gerne vom sogenannten ›Grünen Wachstum‹. Hinter dem Grünen Wachstum verbirgt sich die Vision, dass die Wirtschaft in der Zukunft weiterwachsen kann, ohne Klima und Umwelt große Schäden zuzufügen. Dazu müsste es zu einer vollständigen Entkopplung (*decoupling*) von Wirtschaftswachstum und CO_2-Emissionen kommen. Auch das klingt erst einmal nach einer guten Idee – historisch ist das allerdings seit dem Beginn des fossilen Zeitalters noch nie passiert. Noch ist die Weltwirtschaft viel zu sehr von fossilen Energieträgern abhängig, als dass ein Szenario vorstellbar wäre, in dem Wirtschaftswachstum und negative Emissionen zusammengehen. Befürworter*innen von Grünem Wachstum müssen deshalb oft ein wenig schummeln, wenn sie ihre Argumente vortragen. Zum Beispiel weisen sie gerne darauf hin, dass die deutschen CO_2-Emissionen seit 1990 wesentlich gesunken sind, während es gleichzeitig ein moderates Wirtschaftswachstum gegeben habe. Doch viele der in Deutschland angesiedelten Emissionen sind keineswegs einfach verschwunden, sondern in

---

Zement, Stahl und anderen Produkten anfallen, oft nicht im Marktpreis dieser Produkte enthalten sind.

110 Reuters (2020): *Global carbon trading turnover at record $214 billion last year: research*. Web. https://www.reuters.com/article/us-carbontrading-turnover-idUSKBN1ZN1RN (28.11.2020)

vielen Fällen lediglich in andere Länder verlagert wurden – beispielsweise durch die Verlegung von Produktionsstandorten. Ein wichtiger Teil der deutschen Emissionsreduktionen ist auf den Zusammenbruch der ehemaligen DDR-Industrie in den frühen 1990er-Jahren zurückzuführen, von ›Wachstum‹ kann dabei allerdings ebenfalls nicht die Rede sein. Ob es in ferner Zukunft einmal so etwas wie grünes Wirtschaftswachstum geben wird, kann niemand sagen. Fest steht jedoch, dass es im unmittelbaren Kampf gegen die Klimakrise anstelle eines reformistischen ›Weiter so!‹ ein Umkrempeln unserer gesamten Wirtschaftsordnung bräuchte. Ein solcher sozial-ökologischen Umbau wäre mit einem anhaltenden Wirtschaftswachstum zunächst nur bedingt vereinbar. Sinnvoll wären beispielsweise das Zurückfahren der industriellen Produktion, eine Abkehr von der Wegwerfgesellschaft hin zur nachhaltigen Produktion und ein sofortiges Abschalten fossiler Infrastruktur – Maßnahmen, die sich zunächst negativ auf das Wirtschaftswachstum auswirken würden. Deshalb setzen sich immer mehr Theoretiker*innen unter den Schlagworten *Degrowth* und *Postwachstum* damit auseinander, dass Klimagerechtigkeit nicht mit dem konventionellen Wachstumsdenken vereinbar ist. Sie argumentieren, dass eine neue, nachhaltige Art des Wirtschaftens die alte Wirtschaftsordnung unmittelbar ersetzen muss. Denn solange eine neue Art des Wirtschaftens den fossilen Kapitalismus nicht ersetzt, sondern lediglich *ergänzt*, kann es keine Klimagerechtigkeit geben. Das zeigt sich beispielsweise in China, welches seit Jahren massiv in Wind- und Wasserkraft und Solarenergie investiert. Der Ausbau im Bereich der erneuerbaren Energien führt dort allerdings keineswegs zu einem Rückgang der Kohleproduktion, die weiterhin die bedeutendste Energiequelle darstellt, sondern wird nahezu vollständig vom Wirtschaftswachstum in der Energieindustrie ›geschluckt‹. Die Journalistin Andrea Vetter bringt dasselbe Problem mit Bezug auf die Pläne, in Brandenburg eine neue Tesla-Werkstatt für teure Elektroautos zu bauen, auf den Punkt und fragt: Warum gestalten wir nicht einfach einen bereits bestehenden Produktionsstandort um, anstatt eine neue Tesla-Werkstatt zu bauen?[111] Was ist der Mehrwert einer neuen Werkstatt für Elektromobilität, solange herkömmliche Autoproduktion unbehelligt andauert und sogar wachsen kann? Das gilt auch für den fossilen Energiesektor. Solange

111 Hebbel am Ufer (2020): *Burning Futures: On Ecologies of Existence. #2 Fossil Economies, Degrowth Ecologies*. Podcast. https://www.hebbel-am-ufer.de/hau3000/podcast-burning-futures-2/ (13.01.2021)

…echten Schriftsteller sind Gewissensbisse der …schheit.«

Ludwig Feuerbach

…s den Neuen Sozialen Bewegungen der …er Jahre entstanden und mit dem Anspruch …getreten, Bücher aus der Bewegung für die …wegung zu machen, kann der 1989 gegründete …nrast Verlag mittlerweile auf eine mehr als …0-jährige Geschichte mit über 800 Büchern …urückblicken, in deren Verlauf nicht nur das …rogramm immer vielfältiger wurde, sondern …ich auch die unausgesprochene Verlagspolitik …ntwickelte, verschiedene Tendenzen innerhalb der Linken miteinander in Kontakt zu bringen.

Alle UNRAST-Bücher gibt es grundsätzlich in allen gut sortierten Buchhandlungen, in Infoläden und auf Büchertischen. *Support your local bookdealer!*

Sollte keine dieser Möglichkeiten in eurer Nähe sein, könnt ihr auch auf unserer Homepage durch unser gesamtes Titelangebot stöbern und dort direkt beim Verlag bestellen. Ebenso haben alle online-Buchläden unsere Bücher, aber meidet dabei bitte möglichst Amazon, den „Elefant im Buchladen" (Attac) .

UNRAST

Das ganze Programm online: unrast-verlag.de

Planka.nu

VerkehrsMacht Ordnung

Zur Kritik des Mobilitätsparadigmas

116 Seiten | 9.80 €
ISBN 978-3-89771-584-4

»Eine fundierte, materialistische, erfrischend polemische, aber dabei stets gut und knapp begründete Kritik der Autogesellschaft.«

– Rainer Venzke, Marxistische Blätter

Die Idee der »Automobilität«, die die neoliberal-kapitalistische Gesellschaft zu einem Grundpfeiler ihrer Wirtschaft gemacht hat, prägt seit Jahrzehnten den öffentlichen Raum. Der herrschenden *VerkehrsMachtOrdnung*, die um das Auto kreist, kann niemand mehr entkommen.

Vandana Shiva

Biopiraterie

Kolonialismus des 21. Jahrhunderts. Eine Einführung

153 Seiten | B5 | 19.80 €
ISBN 978-3-89771-278-2

»Mit diesem ‚ethisch' motivierten Einführungsbuch legt die indische Wissenschaftlerin eine interessante nicht-westliche Perspektive vor.«

– Birgit Zehetmayer, Südwind-Magazin

Mit ihrem weltweit beachteten Buch nimmt die indische Wissenschaftstheoretikerin und Ökofeministin Shiva Stellung zum Biokolonialismus in Weiterentwicklung der 500-jährigen Geschichte kolonialer Unterdrückung und greift das geltende Patentrecht auf der Basis seiner ethischen Fragwürdigkeit und der heuchlerischen Positionen an.

Doyle Canning & Patrick Reinsborough

Befreiung neu denken

Mit erzählungsbasierten Strategien Kampagnen gewinnen und die Welt verändern

304 Seiten | 18 €
ISBN 978-3-89771-270-6

Handbuch für praktisches PR-Training und Kampagnenplanung: Für eine Diskursverschiebung nach links!

In diesem einzigartigen Praxishandbuch untersuchen Canning und Reinsborough, wie die Macht von Narrativen, Kultur und Imagination für eine Strategie der sozialen Veränderung fruchtbar gemacht werden kann. Es ist sowohl theoretischer Rahmen, praktische Werkzeuge als auch eine Innenansicht der Methode des US-amerikanischen *Center for Story-based Strategy.*

Timo Luthmann

Politisch aktiv sein und bleiben

Handbuch Nachhaltiger Aktivismus

3. Auflage
424 Seiten | 19.80 € |
ISBN 978-3-89771-250-8

Das Buch für den langen Atem in politischen und sozialen Bewegungen

Die politischen und persönlichen Herausforderungen nehmen für engagierte Menschen stetig zu. Wie können wir – ohne auszubrennen – mit diesen Umständen klug umgehen? Was macht Aktivist*innen wie auch soziale Bewegungen widerstandsfähiger, kreativer und erfolgreicher? Wie sieht es mit der feinen Balance zwischen individueller Selbstverwirklichung und kollektiver Befreiung.

UNRAST VERLAG

Planet Earth First!

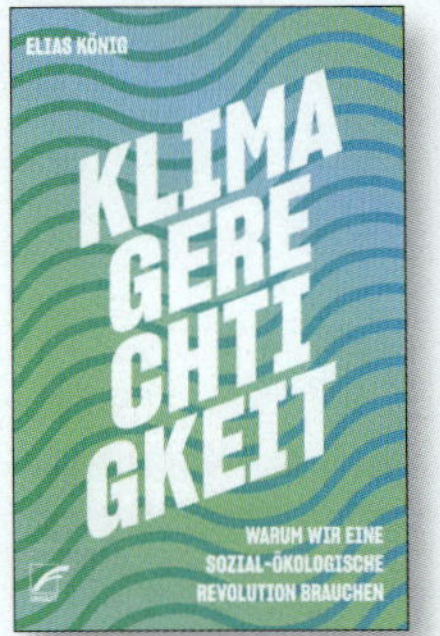

Elias König

Klimagerechtigkeit

Warum wir eine sozial-ökologische Revolution brauchen

128 Seiten | 12.80 €
ISBN 978-3-89771-088-7

Anschauliche Einführung in eines der brisantesten und herausforderndsten Themen unserer Zeit

Aktivist*innen und Theoretiker*innen haben den Begriff ›Klimagerechtigkeit‹ geprägt, der darauf verweist, dass die Klimakrise nicht effektiv bekämpft werden kann, ohne auf die sozialen Ungerechtigkeiten einzugehen, die sie bedingen. Dieses Buch stellt einige ihrer spannendsten Gedanken, Geschichten und Argumente vor. Zugleich ist es ein Appell an die Klimabewegung, sich auf ihr radikales Erbe zu besinnen...

Noam Chomsky, Robert Pollin

Die Klimakrise und der Global Green New Deal

Die politische Ökonomie zur Rettung unseres Planeten

ca. 160 Seiten | ca. 14 €
ISBN 978-3-89771-298-0

Wie uns unsere Produktionsweise an den Rand des ökologischen Abgrunds geführt hat und wie wir den Absturz doch noch verhindern können

Der Klimawandel ist eine Krise, die nicht ignoriert werden kann, auch wenn die Aussicht auf einen heißeren Planeten und die einhergehenden katastrophalen Konsequenzen unsere Vorstellungskraft übersteigt. In ihrem neuen Buch zeichnen Noam Chomsky und Robert Pollin einen realistischen Ausweg aus diesem Dilemma: einen globalen Green New Deal.

Ian Angus

Im Angesicht des Anthropozäns

Klima und Gesellschaft in der Krise

264 Seiten | 18 €
ISBN 978-3-89771-288-1

Wie fossile Brennstoffe unsere Welt verändert haben und warum wir einen Systemwandel brauchen

Anhand neuester wissenschaftlicher Erkenntnisse über die physikalischen Ursachen und Folgen des Klimawandels erläutert Ian Angus, was die planetare Notlage verursacht hat. Aber er untersucht auch die sozialen und wirtschaftlichen Entwicklungen, die der Krise zugrunde liegen. Das Überleben im Anthropozän, so Angus, erfordert einen radikalen sozialen Wandel, der den fossilen Kapitalismus durch eine neue, ökosozialistische Gesellschaft ersetzt.

Maristella Svampa

Epochenwechsel in Lateinamerika

Progressive Regierungen, Extraktivismus und soziale Bewegungen

320 Seiten | 19.80 €
ISBN 978-3-89771-261-4

Ein systematischer Blick auf die jüngste Geschichte der linken Parteien und sozialen Bewegungen Lateinamerikas

Die argentinische Professorin Maristella Svampa beschreibt anschaulich, wie die progressiven Regierungen ihr Wirtschaftsmodell und ihre soziale Umverteilung auf dem Neo-Extraktivismus aufbauten. Ihre Kritik und ihre Konzeptualisierungen ermöglichen ein Verständnis der jüngsten Geschichte Lateinamerikas, in der entscheidende Impulse ›von unten‹ kommen

Hanna Poddig, Christopher Leo

Kleine Geschichte der Umweltewegungen

Von Radieschen und Revolutionen

112 Seiten | 9.80 €
ISBN 978-3-89771-285-0

Der Weg hin zu Fridays for Future ...

Die Kleine Geschichte der Umweltbewegungen ist ein Sachcomic über die Geschichte der Umweltbewegung in Deutschland, der exemplarische Blicke über den Tellerrand hinaus auch in andere Regionen der Welt wirft. Zunächst wird die sogenannte erste Umweltbewegung vorgestellt. Anschließend wird der Weg beschrieben, den die zweite Umweltbewegung ab den 1970er Jahren hin zu den Klimakämpfen von heute genommen hat

Emma

Ein anderer Blick auf den Klimawandel

96 Seiten | B5 | 14.80 €
ISBN 978-3-89771-297-3

Kluger und witziger Comic darüber, was wir angesichts des Klimawandels tun müssen

Stimmt es wirklich, dass jede*r einzelne etwas gegen den Klimawandel tun kann, indem er*sie auf Plastikstrohhalme verzichtet, kürzer duscht und den Müll recycelt? Die französische Zeichnerin, Feministin und Aktivistin Emma kommt zu einem anderen Schluss. Mit Ironie und Biss erzählt sie die Geschichte des Klimawandels: von James Watts Erfindung der Dampfmaschine bis zu den Verflechtungen von Politik und Wirtschaft in der heutigen Zeit..

Hanna Poddig

Klimakämpfe

»Wir sind die fucking Zukunft«

104 Seiten | 7.80 €
ISBN 978-3-89771-148-8

Aktuelle Kämpfe und Aktionsformen für Klimagerechtigkeit

Was unterscheidet die Besetzer*innen im ›Hambacher Forst‹ von den Aktivist*innen von ›Ende Gelände‹? Was hat es mit ›Zucker im Tank‹ auf sich? Wo sind die ›Fridays-for-Future‹-Proteste zu verorten und welche Rolle spielen die ›Klimacamps‹. Hanna Poddig führt ein in die unterschiedlichen Themenfelder der Klimabewegung. Nach einem kurzen historischen Rückblick etwa auf die Startbahnbewegung, widmet sie sich der genaueren Analyse aktueller Themen, Aktionsformen und Strategien des Widerstands.

Christof Macking

Radikale Öko

88 Seiten | 7.80 €
ISBN 978-3-89771-1

Plädoyer für eine ra kale ökologische Li

Biopiraterie, Fracking, Gentechnologie ... Nie zuvor war der Umfang d verwertenden Zugriffs auf die Natur und ihre Ressourcen so umfassend wie heute. Radikaler Widerstand dagegen ist in Westeuropa, gelinde gesagt, überschaubar. Mackinger umreißt die Geschichte der radikalen Ökobewegung, stellt dar, welche Konzepte wirkliche Alternativen zu einer Gesellschaft sein könnten, die auf der unbegrenzten Ausbeutung von Naturressourcen basiert und gibt einen Überblick über die Möglichkeiten progressiver Bewegungen, der voranschreitenden Ökonomisierung der Natur gegenzusteuern.

Unternehmen wie Total[112], ExxonMobil[113] oder Saudi Aramco[114] planen, ihre Öl- und Gasproduktion in den nächsten Jahrzehnten weiter zu erhöhen, hilft auch ein als grünes Wachstum angepriesener drastischer Anstieg im Bereich der erneuerbaren Energien nicht weiter. Laut einer Studie in der renommierten Wissenschaftszeitschrift *Science* genügt schon die bereits bestehende fossile Infrastruktur, um das Weltklima weit über die 1,5-Grad-Grenze hinauszukatapultieren.[115] Da fossile Infrastruktur oft mit hohen Einstiegsinvestments, sogenannten ›versunkenen Kosten‹ verbunden ist, gibt es für die Betreiber*innen nur sehr geringe Anreize, ihre Anlagen vor dem Ende der geplanten Laufzeit stillzulegen. Trotz dieser Widersprüche wird die Idee des Grünen Wachstums auch von den Vereinten Nationen immer wieder aufgegriffen. Diese richteten 2010 den *Green Climate Fund* ein, um ›nachhaltige‹ privatwirtschaftliche Initiativen zu fördern. Die Tragödie dabei: Selbst der kapitalistische Green Climate Fund ist chronisch unterfinanziert. Von den zugesagten 100 Milliarden US-Dollar sind bislang nur etwas mehr als sechs Milliarden US-Dollar eingetroffen.[116]

In Anbetracht dieser Widersprüche ist es nicht überraschend, dass sich Emissionshandel, CO_2-Steuern und grünes Wachstum bislang als weitgehend wirkungslose Ansätze im Klimaschutz erwiesen haben. Die neoliberale Revolution der vergangenen 40 Jahre ging also nicht nur mit einer historisch einzigartigen Beschleunigung der CO_2-Emissionen einher, sondern auch mit dem Triumphzug einer Ideologie, die den Klimawandel als marktwirtschaftliche Externalität versteht, anstatt die Rolle des fossilen Kapitalismus in der Verursachung der Klimakrise anzuerkennen So wurde kostbare Zeit verspielt.

Das jahrzehntelange Versagen unternehmensfreundlicher Klimapolitik bringt die Prophet*innen des Neoliberalismus jedoch keineswegs zum

---

112 https://www.total.com/energy-expertise/exploration-production/oil-gas/our-ambition-oil-and-gas (28.11.2020)

113 Bower, Derek (2020): Why ExxonMobil is sticking with oil as rivals look to a greener future. *Financial Times.* Web. https://www.ft.com/content/30ffa51b-2079-400e-84f1-2e45991194c8 (28.11.2020)

114 El Gamal, Rania, Davide Barbuscia und Marwa Rashad (2020): Sole Survivor? Saudi Aramco doubles down on oil to outlast rivals. *Reuters.* Web. https://uk.reuters.com/article/us-saudi-aramco-strategy-insight/sole-survivor-saudi-arabia-doubles-down-on-oil-to-outlast-rivals-idUSKBN26R3PA (28.11.2020)

115 Tong, Dan et al. (2019): Committed emissions from existing energy infrastructure jeopardize 1.5 °C climate target. In: *Nature* 572. S. 373-377.

116 Stand Oktober 2020 (https://www.greenclimate.fund/)

Verstummen. Stattdessen ist zu beobachten, dass Gespräche über den Klimawandel zunehmend entpolitisiert werden. Drei Gesprächsstrategien sind dabei besonders beliebt: die Konstruktion einer inakzeptablen Alternative (i.d.R. China), das Verschieben der Problematik in den Bereich der individuellen Verantwortung sowie der Verweis auf technologische Innovationen zur Lösung der Krise.

Strategien der Entpolitisierung und Spaltung

Nahezu reflexartig wird die Kapitalismuskritik der Klimabewegung seit jeher mit dem Hinweis konfrontiert, dass ja auch der real existierende Sozialismus nicht frei von Umweltproblemen sei. In der Tat gehören die ehemalige Sowjetunion und das gegenwärtige China zu den größten Klimasünder*innen der Weltgeschichte. Auch die Umweltprobleme der ehemaligen DDR sind hinlänglich bekannt – Waldsterben, Luftverschmutzung und die Versauerung von Gewässern.[117] Keine ernsthafte Debatte über Klimagerechtigkeit darf diese historischen Tatsachen einfach ausblenden. Sie bezeugen, dass eine Überwindung des Kapitalismus im Sinne einer Neuordnung der weltweiten Produktions- und Eigentumsverhältnisse zwar unbedingt notwendig, aber bei Weitem nicht hinreichend ist, um eine klimagerechte Welt zu schaffen (siehe Kapitel 6).

Doch selbst wenn wir dem grundlegenden Impuls der ›Aber China!?‹-Reaktion zustimmen, stellt sich die Frage nach der Motivation derartiger Kommentare. In den allermeisten Fällen zielen Hinweise auf die Umweltvergehen real existierender sozialistischer Staaten nämlich nicht auf einen solidarischen Diskurs über das Profil der Klimagerechtigkeitsbewegung, sondern vielmehr auf deren Spaltung ab. Indem zwischen ›guten‹ (unpolitischen) und ›schlechten‹ (kapitalismuskritischen) Aktivist*innen unterschieden wird, wird versucht, die Systemkritik der Bewegung einzuhegen und zu kooptieren. Inhaltlich handelt es sich in den allermeisten Fällen

117 Allerdings basiert diese Darstellung auf der vereinfachenden Annahme, die Auswirkungen der kapitalistischen Produktionsweise würden an den Ländergrenzen von Nationalstaaten haltmachen. Betrachten wir den Kapitalismus hingegen als ein globales System, das durchaus auch auf real existierende sozialistische Staaten einwirken kann (denken wir beispielsweise an die Schuldenkrise der Sowjetunion) und als eine Produktionsweise, die selbstverständlich auch in einem nominal sozialistischen Staat (z.B. in China nach den Reformen von 1978) existieren kann, dann erübrigt sich eine solche Systemvergleichs-Debatte von vornherein.

ohnehin um ein sogenanntes Strohmann-Argument, also ein Argument, das sich auf eine Behauptung bezieht, die überhaupt nicht getroffen wurde. Es wird impliziert, die Klimagerechtigkeitsbewegung würde das politische System der Volksrepublik China oder der Sowjetunion als Alternative zum gegenwärtigen neoliberalen Turbokapitalismus propagieren – eine Unterstellung, die bestenfalls von einer völligen Unkenntnis der Klimagerechtigkeitsbewegung, schlimmstenfalls aber von einer willentlichen Falschdarstellung zeugt.

Letztendlich trägt der ›Aber China?!‹-Einwand zu einer Entpolitisierung der Klimadebatte bei. Denn durch die rhetorischen Brillengläser des Kalten Krieges erscheint jegliche Kritik an der kapitalistischen Wirtschaftsweise als eine Debatte von Vorgestern, die im Zeitalter des alternativlosen neoliberalen Fortschritts von vornherein deplatziert ist. Stattdessen, so die Anwält*innen der ›Ideologiefreiheit‹, brauche es nun eine nüchterne, wissenschaftsbasierte Debatte, die auf vermeintliche Kampfbegriffe verzichte. Wie praktisch, dass sie damit die inhaltliche Auseinandersetzung mit den Argumenten ihrer Gegenüber von vornherein ausschließen. Sonst müssten wohl auch die ideologiefreisten Freigeister unserer Zeit eingestehen, dass der Knoten im Faden der kapitalistischen Produktionsweise sich nicht einfach durch historische Verweise auf die Sowjetunion oder auf China lösen lässt.

Eine weitere beliebte Strategie der Entpolitisierung besteht darin, kritische Konversationen über die Klimakrise auf das Thema der *individuellen Verantwortung* zu lenken. Dahinter steht die Annahme, dass wir den Klimawandel in erster Linie durch unsere individuellen Konsumentscheidungen bekämpfen sollten, ganz nach dem Motto: Fang doch erst einmal bei dir selbst an! Rechte Medien stimmen zuverlässig in den Chor ein, wenn sie journalistisch über die Fernreisen von Klimaaktivist*innen oder Plastiktüten auf Klimademonstrationen herfallen. Anscheinend dürfen im Zeitalter der selbstgerechten Facebook-Horden nur diejenigen, die einen moralisch einwandfreien Konsum aufweisen, politische Verantwortung einfordern. Wer so argumentiert, unterschlägt jedoch, dass die allermeisten Emissionen ohnehin gar nicht auf individuelle Kaufentscheidungen zurückfallen, sondern systemischen Umständen geschuldet sind. Ein Großteil der deutschen CO_2-Emissionen beispielsweise fällt in der Energiewirtschaft und in der Industrie an. Laut einer Studie aus dem Jahr 2017 sind 100 große Firmen allein für mehr als 70 % der globalen CO_2-

Emissionen verantwortlich.[118] Solange diese großen Unternehmen nicht planen, ihre CO_2-Emissionen substanziell zu reduzieren, fallen individuelle Kaufentscheidungen kaum ins Gewicht.[119]

Was das neoliberale Denken nicht verstehen und anerkennen will, ist die Existenz einer *Gesellschaft*, in der unsere Rechte, Pflichten und Verantwortungen weit über unsere persönlichen wirtschaftlichen Beziehungen hinausgehen. Die neoliberale britische Politikerin Margaret Thatcher ließ sich einmal mit den Worten zitieren: »Gesellschaft – das gibt es nicht. (...) Es gibt nur einzelne Männer und Frauen und ihre Familien.«[120]. Indem die Ideologie der individuellen Verantwortung das Individuum auf seine Funktion als Konsument*in reduziert, eliminiert sie so ganz nebenbei die Idee einer Gesellschaft. Darauf lässt sich nur erwidern: Ist es nicht auch ein wichtiger Aspekt der individuellen Verantwortung, sich politisch zu engagieren und sich auch außerhalb der Sphäre des Konsums gemeinsam und entschieden für positive Veränderungen in der Gesellschaft einzusetzen?

Ein letztes Ausweichmotiv im Repertoire der unternehmensfreundlichen ›Klimaschützer*innen‹ ist der Verweis auf technologische Innovation. Kaum eine öffentliche Debatte über die Klimakrise vergeht inzwischen, in der nicht mindestens einmal ein neoliberaler Super-Mann der Gattung Friedrich Merz das obligatorische Thema Technologie anspricht. Wieder handelt es sich um eine Strategie der Entpolitisierung der Klimakrise, die so als eine Art ingenieurwissenschaftliches Problem dargestellt wird, das sich mit der richtigen Technologie schon irgendwie lösen lasse.[121] Anhänger*innen dieser Idee verweisen gerne auf Verfahren zur Abschei-

---

118 Riley, Tess (2017): Just 100 companies responsible for 71 % of global emissions, study says. *The Guardian.* Web. https://www.theguardian.com/sustainable-business/2017/jul/10/100-fossil-fuel-companies-investors-responsible-71-global-emissions-cdp-study-climate-change (28.11.2020)

119 Das bedeutet selbstverständlich nicht, dass Konsumentscheidungen gänzlich irrelevant sind. Beispielsweise geht die Tatsache, dass sich in Deutschland mehr als sechs Millionen Menschen vegetarisch ernähren, nicht einfach spurlos an der Lebensmittelproduktion vorbei.

120 Thibaut, Matthias (2013): Die letzte konservative Ikone. *Handelsblatt.* https://www.handelsblatt.com/politik/international/maggie-thatcher-wurde-87-es-gibt-eine-gesellschaft-sie-ist-nicht-dasselbe-wie-der-staat/8034014-5.html?ticket=ST-12446526-6UVqPSnf4A0srSrlFBok-ap5

121 Oft ist dieses Argument an die Annahme gekoppelt, die kapitalistische Produktionsweise sei besonders gut darin, technologische Innovation hervorzubringen – eine Annahme, die beispielsweise die Wirtschaftswissenschaftlerin Mariana Mazzucato in ihrer langjährigen Forschung gründlich widerlegt. S. Mazzucato, Maria

dung und Speicherung von CO_2 (*Carbon dioxide capture and storage*), die es ermöglichen, einen Teil der Treibhausgasemissionen von Kraftwerken und Fabriken abzuleiten und so im Boden zu speichern, dass die Gase nicht in die Atmosphäre gelangen. Große Hoffnungen erwecken auch sogenannte Geoengineering-Verfahren wie *Solar Radiation Management* (SRM) und *Carbon Dioxide Removal* (CDR). Bei SRM-Verfahren geht es darum, die durchschnittliche Sonneneinstrahlung durch die Installation von Spiegeln im Weltraum oder dic Injektion von Schwefeldioxid in die Stratosphäre zu reduzieren. CDR hingegen zielt darauf ab, bereits emittiertes CO_2 wieder aus der Atmosphäre zu entfernen – also genau das, was Bäume seit Jahrtausenden tun. Obwohl viele Geoengineering-Verfahren bei Weitem noch nicht ausreichend entwickelt und geprüft sind, wird ihr zukünftiger Einsatz schon jetzt in vielen Klimamodellen miteinberechnet.

Tatsächlich werden wohl schon in naher Zukunft gewisse Technologien unerlässlich sein, um die Menge der Treibhausgase in der Erdatmosphäre wieder auf einem nachhaltigen Level zu stabilisieren.[122] Nach Ansicht vieler Wissenschaftler*innen hat die atmosphärische CO_2-Konzentration dieses nachhaltige Niveau schon weit überschritten (nach einer vielzitierten Studie des Klimaforschers James Hansen liegt es bei maximal 350 ppm[123] – einer Zahl, der auch die Klimabewegung *350.org* ihren Namen verdankt.[124] Wie so oft verliert die neoliberale Rhetorik aber in ihrer Schwärmerei von Innovation und Geoengineering die grundlegenden Widersprüche einer kapitalistischen Produktionsweise aus den Augen. Denn ähnlich wie die Umleitung des Irwell-Flusses im 19. Jahrhundert ist die Entwicklung von klimafreundlichen Technologien ein kostspieliges Unterfangen. Im Rahmen der aktuellen politischen und wirtschaftlichen Ordnung gibt es nur geringe Anreize für einzelne Akteure, sich über ein gewisses Maß hinaus an der Bereitstellung von Gemeingütern zu beteiligen. Schließlich lassen sich aus der Atmosphäre absorbiertes und in der Erde gespeichertes CO_2 oder reflektierte Sonnenstrahlen schwerlich in profitable Waren verwandeln. Solange aber Unternehmen wesentlich mehr Geld damit verdienen können,

---

(2013/2014): *Das Kapital des Staates: Eine andere Geschichte von Innovation und Wachstum*. München: Kunstmann.

122 Hansen, James et al. (2008): Target atmospheric CO2: Where should humanity aim? *Open Atmospheric Science Journal* 2. S. 217-231.

123 Ebd.

124 Die Abkürzung ppm steht für ›parts per million‹. Ein ppm CO_2 bedeutet also, dass ein CO_2-Molekül auf eine Million Moleküle trockener Luft kommt.

die Atmosphäre zu verschmutzen, als sie wieder zu reinigen, wird die unsichtbare Hand des Marktes das Klima nicht retten. Die Voraussetzungen für die Entwicklung und den effektiven Einsatz sicherer und klimafreundlicher Technologien liegen also einmal mehr jenseits der kapitalistischen Produktionsweise.

Die Versuche, den Klimaschutz durch Verweise auf vorgebliche individuelle Verantwortung oder auf technologische Innovation zu entpolitisieren, sind besonders tragisch in Anbetracht der Tatsache, dass durchaus Präzedenzfälle existieren, in denen auf politischer Ebene erfolgreich gewaltige Umweltprobleme gelöst werden konnten. Die Expansion des über der Antarktis klaffenden Ozonlochs beispielsweise, welches im 20. Jahrhundert aufgrund der schädlichen Wirkung von Fluorchlorkohlenwasserstoffen (FCKW) – giftigen Industriegasen, die unter anderem als Kühlmittel für Kühlschränke verwendet wurden – immer größer wurde, konnte erfolgreich gestoppt werden. Federführend waren dabei ausgerechnet die frühen neoliberalen Politiker*innen Ronald Reagan und Margaret Thatcher. 1987 unterzeichneten 24 Staaten und die Europäische Gemeinschaft auf ihre Initiative hin in Kanada das Montrealer Protokoll. Damit verpflichteten sie sich zur Abschaffung von FCKW und anderen gefährlichen Stoffen. Das rasche Handeln der Politik führte zu effektiven Verboten von FCKW in vielen Ländern. Dank der Maßnahmen schrumpft das Ozonloch inzwischen wieder stetig.[125] Auch für den Klimaschutz spielte das Montrealer Protokoll eine nicht unerhebliche Rolle, denn FCKW sind gefährliche Treibhausgase und hätten beträchtlich zur Erderwärmung beigetragen.

Ein anderes dominierendes Umweltthema der 1980er-Jahre war insbesondere in den deutschsprachigen Ländern das ›Waldsterben‹. Schwefeldioxid-Abgase aus der Industrie und den Kohlekraftwerken sowie Stickoxide aus dem Autoverkehr führten damals zu saurem Regen, der in Kombination mit anderen Faktoren zum Absterben zentraleuropäischer Wälder führte. In Reaktion auf das Waldsterben veranlasste die Bundesregierung eine Reihe von Gesetzen zur Verbesserung der Luftqualität, darunter Richtlinien zur Entschwefelung von Heizöl und Abgasen und zur Abschaffung von bleihaltigem Benzin. Tatsächlich konnte dem Waldsterben dadurch erst einmal Einhalt geboten werden, auch wenn das Absterben von Wäldern

125 Bojanowski, Axel (2016). Das Ozonloch schließt sich. *Spiegel Wissenschaft.* https://www.spiegel.de/wissenschaft/natur/entscheidender-beweis-das-ozonloch-schliesst-sich-a-1100390.html#ref=rss (13.01.2021)

aufgrund des Klimawandels inzwischen wieder zu einem ernsthaften Problem geworden ist. Festzuhalten bleibt: Es waren keine marktwirtschaftlichen Instrumente, die das Ozonloch retteten und dem Waldsterben in den 1980er-Jahren entgegenwirkten, sondern staatliche Interventionen in die Wirtschaft.

Viele Vertreter*innen der Klimagerechtigkeitsbewegung argumentieren daher, dass es auch in der Bekämpfung des Klimawandels dringend Ansätze braucht, die den bestehenden Widerspruch zwischen Klimagerechtigkeit und kapitalistischer Wachstums- und Profitlogik anerkennen und direkt in die Wirtschaft eingreifen.[126] In Anbetracht des massiven Widerstands, den ein solches Eingreifen (sei es durch den Staat oder durch staatsähnliche Akteure) in der Gesellschaft und insbesondere bei den wirtschaftlichen und politischen Eliten hervorrufen würde, stellen sich einige Fragen: Welche gesellschaftlichen Akteure hätten überhaupt die Macht und das Interesse, für eine lebenswerte Zukunft jenseits der kapitalistischen Logik einzustehen? Mit welchen Strategien und Methoden können diese Akteure am effektivsten für die dringend benötigte sozial-ökologische Wende streiten? Hier gilt es, die Geschichte der Streikenden von Stalybridge aufzugreifen, die schon vor mehr als 150 Jahren gegen den fossilen Kapitalismus ankämpften.

Was tun? Vom Generalstreik zum Klimastreik

Viele der Errungenschaften, die unser Leben heute lebenswerter machen, wurden in oftmals heftigen Auseinandersetzungen von Arbeiter*innen erkämpft. Dazu zählen die Ausweitung des Wahlrechts, der Achtstundentag, das Recht auf ein Wochenende, der Anspruch auf Ferien und die Renten- und Krankenversicherung. Um diese und viele andere Forderungen effektiv durchsetzen zu können, entwickelten Arbeiter*innen im Laufe der Zeit ein vielseitiges Repertoire an Strategien. Eines der wichtigsten und ältesten dieser Mittel ist der Streik, also die koordinierte Arbeitsniederlegung durch die Arbeiter*innen eines Betriebs. Von einem Generalstreik wird gesprochen, wenn ein Großteil der Arbeiter*innenschaft eines Landes oder einer Region sich an einer politischen Streikaktion beteiligt. Traditionell

126 Im Gegensatz zum Waldsterben und der Ozonlochkrise verlangt die Klimakrise jedoch einen wesentlich tiefgreifenderen Umbau der Wirtschaft, da die Produktion von Gütern im fossilen Kapitalismus so grundlegend mit der Verbrennung von fossilen Brennstoffen verbandelt ist.

kommt es an Streiktagen auch zu Demonstrationen und Blockaden. Ferner gehören zu einem Streik auch Streikposten, also Arbeiter*innen, die Streikbrecher*innen davon abhalten, zur Arbeit zu gehen.

In vielen Ländern – darunter auch Deutschland – hat die Klimastreik-Bewegung die Methode des Streiks zumindest im Namen mitaufgenommen. Doch bislang haben die Klimastreik-Aktionen wenig mit einem klassischen Generalstreik gemeinsam. Der wesentliche Unterschied liegt dabei nicht etwa im Alter der Teilnehmer*innen oder in den Forderungen der Bewegung, sondern in der Tatsache, dass die Klimastreiks im Gegensatz zu den Generalstreiks der vergangenen Jahrhunderte (noch) nicht direkt in die Funktionsweise des fossilen Kapitalismus eingreifen. Noch verfügt der Klimastreik über keine effektiven Streikposten, die aktiv die fortschreitende Zerstörung des Planeten blockieren. So können multinationale Unternehmen auch an Klimastreiktagen unbehelligt weiter unsere Zukunft verbrennen. Um aus einem Klimastreik einen Klimagerechtigkeitsstreik zu machen und den eigenen Forderungen den nötigen Nachdruck zu verleihen, wäre ein direktes Eingreifen in die Funktionsweise des fossilen Kapitalismus aber wohl unabdingbar.

Vor diesem Hintergrund ist es eine ungelegene Fügung, dass in der aktuellen politischen Konstellation ausgerechnet die Arbeiter*innen in der Kohle- und Automobilindustrie, deren Streiks und Aktionen historisch so viele bedeutende soziale Errungenschaften zu verdanken sind; zu vermeintlichen Gegenspieler*innen der Klimastreikbewegung werden. Ein strategischer Ansatz, der die Rolle der Arbeiter*innen würdigt und gemeinsame Interessen betont, könnte dabei helfen, Allianzen zu schmieden.

Eine entscheidende Rolle könnte im Kampf für Klimagerechtigkeit insbesondere den wenigen, oft hochspezialisierten Arbeiter*innen in der Öl- und Gasindustrie zukommen, die in der modernen fossilen Ökonomie eine Schlüsselrolle einnehmen. Schließlich wurde die weltweite Energieinfrastruktur nach dem Zweiten Weltkrieg bewusst so gestaltet, dass sie auch unabhängig von einer organisierten Arbeiter*innenschaft funktionieren würde. Erdöl und -gas können von der Pumpe bis zur Tankstelle oder Fabrik transportiert werden, ohne dass Arbeiter*innen an irgendeiner Stelle eine kritische Rolle spielen. Deshalb greifen Arbeiter*innen im Öl- und Gassektor schon lange auf andere Mittel des Protests zurück, die über den Streik hinausgehen. Als besonders effektiv erwiesen haben sich dabei Sabotage und Blockade von Infrastruktur. Dabei nutzen Arbeiter*innen ihr technisches Wissen, um kritische Infrastruktur gezielt lahmzulegen. Wie der französische Soziologe Serge Mallet in seiner Forschung feststellte, beruhte die Macht der Arbeiter*innenbewegung in Frankreich und Italien in der Nachkriegszeit darauf, dass die Arbeiter*innen so gut organisiert waren, dass sie jederzeit mit nur wenigen Menschen die Ölraffinerien und andere Schlüsselindustrien dieser Länder zum Stillstand bringen konnten.[127]

Ob die Klimastreiks des 21. Jahrhunderts es schaffen werden, angesichts der immer weiter eskalierenden Klimakrise eine ähnliche Schlagkraft zu entwickeln und die sich immer fester zuziehenden Schlinge des fossilen Kapitalismus ein für alle Mal zu lösen, wird sich in den kommenden Jahren zeigen. Auf lokaler Ebene findet bereits eine Vernetzung zwischen Arbeiter*innen und der Klimabewegung statt, beispielsweise im Rahmen der Arbeitskämpfe für einen einheitlichen Tarifvertrag im öffentlichen Personennahverkehr, durch die Gewerkschaft ver.di, mit denen sich die Fridays–for-Future-Bewegung solidarisierte. Gleichzeitig setzt die Klimastreikbewegung auch eigene Impulse für zukünftige politische Auseinandersetzungen, indem sie die Jugend als politisches Subjekt mobilisiert und eine breite gesellschaftliche Öffentlichkeit anspricht.

Bislang haben wir diskutiert, wie Kolonialismus/Rassismus und Kapitalismus dazu beigetragen haben, dass es überhaupt zu einer Klimakrise kommen konnte. Ein erfolgreicher Kampf für Klimagerechtigkeit, der diesen beiden Dimensionen keine Aufmerksamkeit schenkt, ist zum Scheitern verurteilt. Das nächste Kapitel handelt von einer dritten Kategorie, die oft mit der Klimakrise in Verbindung gebracht wird: *Gender*.[128]

---

127 Mallet, Serge (1975): *Essays on the New Working Class*, übersetzt von Dick Howard and Dean Savage. St Louis: Telos Press. S. 41.

128 Das englische Wort *Gender* bezeichnet das soziale oder gefühlte Geschlecht einer Person. Personen, deren soziales Geschlecht mit dem biologischen Geschlecht (englisch: *sex*) übereinstimmt, das ihnen bei ihrer Geburt zugewiesen wurde, werden als Cisgender bezeichnet. Für Transgender-Personen hingegen ist das nicht der Fall.

Kapitel 4:
Klimafeminismus vs. toxische Männlichkeit

No strike has ever been a general strike. When half the working population is at home in the kitchens, while the others are on strike, it's not a general strike.

Mariarosa Dalla Costa[129]

Frauen*streiks und Man Camps: Gender im fossilen Kapitalismus

Als die Feministin und Aktivistin Mariarosa Dalla Costa 1974 während einer Rede in der italienischen Stadt Mestre davon sprach, dass es noch nie einen echten Generalstreik gegeben hatte, ging es ihr nicht darum, die historischen Errungenschaften der Arbeiter*innenbewegung vergessen zu machen. Vielmehr kritisierte Dalla Costa, dass die bisherigen Streiks sich zu sehr an den Perspektiven männlicher Industriearbeiter orientiert hatten. Selbst an Streiktagen hätten die Frauen* und Töchter der Arbeiter weitergearbeitet und die Hausarbeiten verrichtet, die die gesellschaftliche Arbeitsteilung ihnen abverlangte. Von einem vollständigen *Generalstreik* könne man daher nicht sprechen. Dalla Costa zufolge hängt die historische Einseitigkeit der Kämpfe der Arbeiter*innenbewegung auch damit zusammen, dass Hausarbeit im Gegensatz zur bezahlten Lohnarbeit oft gar nicht als ›echte‹ Arbeit anerkannt wird. Gemeinsam mit anderen Feminist*innen gründete sie deshalb die Kampagne *Lohn für Hausarbeit,* um für eine angemessene

129 Zitiert aus: Dalla Costa, Mariarosa (1974): A General Strike. Speech. Web. https://caringlabor.wordpress.com/2010/10/20/mariarosa-dalla-costa-a-general-strike/ (09.01.2020)

Bezahlung für Hausarbeit zu kämpfen. Um dieses Ziel zu erreichen, riefen Dalla Costa und ihre Mitstreiter*innen zum Streik auf.

Nur ein Jahr später, am 24. Oktober 1975, konnte die Welt tatsächlich bestaunen, was passiert, wenn eine große Zahl an Frauen* sich organisiert und für einen Tag sowohl Lohn- als auch Hausarbeit verweigert. Im kleinen Island kam es zu einem der größten und erfolgreichsten Frauen*streiks der Geschichte. Gut 90 % der isländischen Frauen* beteiligten sich an dem Streik und weigerten sich, arbeiten zu gehen, zu kochen und auf ihre Kinder aufzupassen, um für eine bessere Bezahlung und Kinderbetreuung zu demonstrieren. Organisiert wurde die Aktion von den *Roten Socken*, einer revolutionär-feministischen Gruppe. Offiziell hieß der Streik allerdings ›Frauenruhetag‹, um auch gemäßigtere Gruppen nicht von der Teilnahme abzuschrecken. Der Frauenruhetag veränderte das Land für immer. Die Fischfabriken des Landes standen still, die Restaurants, Schulen und Kindergärten blieben geschlossen und viele Männer waren mit der Betreuung der Kinder restlos überfordert. Was sollten sie nur ihren Kindern zum Mittagessen servieren? Süßigkeiten und Hotdogs waren innerhalb weniger Stunden ausverkauft. Parallel fand auf dem zentralen Platz in Reykjavik die größte Demonstration der Geschichte Islands statt. Die Auswirkungen des Streiks ließen nicht lange auf sich warten. Ein Jahr nach dem Streik verabschiedete das Parlament ein Gesetz zur Gleichstellung, nur wenige Jahre später wurde das erste weibliche Staatsoberhaupt gewählt und in den 1980er-Jahren zog zum ersten Mal eine feministische Partei in das isländische Parlament ein.[130] Auch wenn das Patriarchat keineswegs überwunden ist, zählt Island heute regelmäßig zu den Ländern mit der höchsten Gleichberechtigung.

Warum war der isländische Frauen*streik so erfolgreich? Folgen wir materialistischen Feminist*innen wie Mariarosa Dalla Costa, dann liegt eine mögliche Erklärung darin, dass die Methode des Frauen*streiks direkt an der Verstrickung von Patriarchat und Arbeitsteilung ansetzt. In der kapitalistischen Moderne funktioniert Gender nämlich wie eine Art magische Trennlinie zwischen verschiedenen Formen der Arbeit: Auf der einen Seite finden sich Arbeiten wie die Kindererziehung, die Haushaltsführung und die Pflege von Angehörigen, die in der Regel weiblich konnotiert sind. Da

130 Pfaffenzeller, Martin (2019): Als die Roten Socken Island lahmlegten. *Spiegel Geschichte*. https://www.spiegel.de/geschichte/frauenstreik-in-island-die-revolution-der-roten-struempfe-a-1255589.html (29.11.2020)

es bei vielen dieser Tätigkeiten darum geht, sich um andere zu kümmern, sprechen feministische Theoretiker*innen oft auch von *Care-Arbeit*. Dem gegenüber stehen die Arbeiten in der Industrieproduktion, der politischen Sphäre und in der Wissenschaft, welche in der kapitalistischen Moderne männlich konnotiert sind und entsprechend von Männern dominiert werden. Die Grundlagen dieser Arbeitsteilung sind völlig willkürlich. Schließlich gibt es kein Gen, das Frauen* und Männer auf Basis ihres Geschlechts dazu prädestiniert, bessere Pfleger*innen oder Politiker*innen zu sein.

Dennoch ist die genderbasierte Arbeitsteilung an eine strikte Hierarchie gekoppelt. Care-Arbeit wird in der Regel entweder gar nicht oder wesentlich schlechter bezahlt als männlich konnotierte Lohnarbeit. Auch wenn sich die Geschlechterverhältnisse aufgrund der Errungenschaften feministischer Kämpfe und der Öffnung des Arbeitsmarktes im Neoliberalismus in vielen Aspekten gewandelt haben, lebt diese grundlegende Ungerechtigkeit noch immer fort. Einige traditionell unbezahlte Arbeiten (z.B. in der Pflege und Erziehung) werden zwar zunehmend als Lohnarbeit in die Marktwirtschaft integriert, aber weiterhin wesentlich schlechter bezahlt als Berufe in männlich dominierten Berufsfeldern. Die geschlechtliche Arbeitsteilung ist somit Teil eines *sexistischen* Systems, innerhalb dessen die weiblich konnotierte Arbeit systematisch abgewertet wird – dem *Patriarchat*.

Wenn wir die Rolle des Patriarchats in der Klimakrise besser verstehen wollen, dann müssen wir ebenfalls an der genderbasierten Arbeitsteilung ansetzen. Historisch betrachtet, ist das Patriarchat zwar so etwas wie das unendlich lange, lose Fadenende, das aus dem Wollknäuel der Klimakrise hinausschaut und weit in die graue Vorzeit der Menschheitsgeschichte hineinreicht. Die spezifische Aufteilung der Arbeit in weiblich konnotierte Care-Arbeit und Hausarbeit auf der einen Seite und in männlich konnotierte Lohnarbeit auf der anderen Seite ist jedoch, in dieser spezifischen Form, ein modernes Phänomen. Genau hier beginnt die Verknotung von Kapitalismus und Patriarchat, die es in Zeiten der Klimakrise endlich zu entwirren gilt.

Am Beispiel der Chipko-Bewegung im ersten Kapitel haben wir bereits gesehen, dass die genderbasierte Arbeitsteilung dazu führt, dass Frauen* im Durchschnitt wesentlich stärker von den meisten ökologischen Krisen betroffen sind als Männer. In erster Linie liegt das an den aus der Arbeitsteilung resultierenden Einkommensunterschieden. Ein Großteil der Armen der Welt sind Frauen*. Außerdem sind es wie im Fall der Chipko-Bewegung vielerorts Frauen*, die in ihren Communitys verbleiben, während Männer in den großen Städten oder gar in anderen Ländern nach Lohnarbeit suchen. Als Landwirt*innen sind sie direkt von den Folgen des Klimawandels betroffen. In Sub-Sahara Afrika sind Frauen* beispielsweise für 71 % der Wasserversorgung und -sammlung verantwortlich – einer immer knapper werdenden Ressource.[131]

Weiterhin machen Frauen* den Vereinten Nationen zufolge mehr als 80 % der Klimageflüchteten aus.[132] Im Rahmen von Naturkatastrophen und daraus resultierenden Konflikten kommt es häufiger zu sexualisierter Gewalt, von der Frauen* besonders betroffen sind. Einigen Betroffenen droht gar der Verkauf in die Sklaverei oder in eine Kinderehe. Die Grundlage dafür sind diskriminierende Geschlechternormen, die Mädchen* als finanzielle Bürde für die Familie etikettieren.[133] Die Effekte der Klimakrise stellen auch eine enorme emotionale und gesundheitliche Belastung dar – sei es der Verlust der eigenen Heimat, Flucht und Vertreibung, Todesfälle im eigenen Umfeld oder einfach die Verzweiflung über die bevorstehende Zukunft. Wieder sind es Frauen*, denen aufgrund der genderbasierten Arbeitsteilung ein Großteil der anfallenden Care-Arbeit zufällt. Frauen*, die sich gegen all diese systemischen Ungerechtigkeiten wehren, haben vielerorts mit tödlichen Repressionen zu rechnen: Die bekannte honduranische Umweltaktivistin und Feministin Berta Caceres beispielsweise, die sich unermüdlich gegen illegale Bauprojekte und für die Rechte der Indigenen Lenca einsetzte, wurde 2016 kaltblütig ermordet.

Doch die patriarchale Arbeitsteilung trägt nicht nur massiv dazu bei, dass Frauen* im Durchschnitt wesentlich stärker von der Klimakrise betroffen sind als Männer. Sie schafft auch die Strukturen für den Fortbestand klimaschädlicher Industrien und ihrer Arbeitsplätze, die in der Regel männlich konnotiert sind – in Deutschland zum Beispiel im Bergbau, in der Schwerindustrie und der Autoindustrie. Da die Arbeit*innen in diesen

131 UNICEF und WHO (2012): Progress on Drinking Water and Sanitation. *UNICEF* and *World Health Organization.* Web. https://www.unicef.org/media/files/JMPreport2012.pdf (15.02.2021)

132 TIME-Redaktion (2019): Meet 15 Women Leading the Fight Against Climate Change. *TIME.* Web. https://time.com/5669038/women-climate-change-leaders/ (29.11.2020)

133 Reda, Isabel (2020). Die Klimakrise hat ein Geschlecht. *Frauenseiten Bremen.* Web. https://frauenseiten.bremen.de/blog/die-klimakrise-hat-ein-geschlecht/ (29.11.2020)

Industriezweigen in der Regel besser bezahlt werden und in mächtigen Gewerkschaften wie der IG Metall organisiert sind, wird ihren Arbeitsplätze auch in der öffentlichen Diskussion eine andere Bedeutung beigemessen als etwa Arbeitsplätzen in Pflege und Erziehung.

Ein besonders aufrüttelndes Beispiel für das Zusammenspiel von Umweltzerstörung und Patriarchat sind die sogenannten *Man Camps* in Nordamerika, große, von Männern dominierte Containerstädte. Man Camps entstehen häufig als temporäre Wohnunterkünfte im Rahmen von fossilen Projekten wie Fracking, Ölbohrungen oder Pipelines in abgelegenen Gegenden. Die Begegnung zwischen den Bewohnern dieser Camps und der lokalen Bevölkerung verläuft selten friedlich. *BIPoC-Communitys*[134] haben die Erfahrung gemacht, dass es in der Nähe dieser Camps immer wieder zu sexualisierter Gewalt, bis hin zu Vergewaltigungen und Verschleppungen, kommt. Davon betroffen sind insbesondere Indigene Frauen*, von denen in den vergangenen Jahren Tausende verschwunden sind. Aktivist*innen sprechen von einer MMIW-Epidemie (*Missing and Murdered Indigenous Women*).

Besonders viele Indigene Frauen* verschwanden in den letzten Jahren im Bundesstaat North Dakota, der seit der Erschließung der dortigen Bakken-Formation zu einem der größten Ölproduzenten der USA aufstieg. Als Pläne bekannt wurden, auf dem Land der Indigenen Sioux-Nation die sogenannte Dakota Access-Pipeline zu errichten, welche die Bakken-Formation mit dem US-amerikanischen Pipelinenetz verbinden sollte, beschlossen Indigene Frauen* und Jugendliche, dagegen Widerstand zu leisten.[135] Auf der Standing Rock-Reservation errichteten sie 2016 ein Protestcamp mit dem Motto *Mni Wiconi* (›Wasser ist Leben‹), das innerhalb weniger Monate zu einem der größten Anti-Pipeline-Proteste und einer der größten Versammlung verschiedener Indigener Gruppen in den USA seit Jahrzehnten anwuchs. Trotz brutaler Gewalt seitens der Polizei und privater Sicherheitsdienste hielten die Protestierenden an ihren Forderungen fest und setzten durch, dass Barack Obama den Bau der Pipeline stoppen ließ.

134 BIPoC steht für ›Black, Indigenous and People of Color‹ und beschreibt Menschen, die von der *weißen* Mehrheitsgesellschaft als nicht-*weiß* angesehen werden und rassistische Diskriminierung erfahren. Der Begriff ist eine politische Selbstbezeichnung und hebt in besonderer Weise die Perspektive Schwarzer Personen und Indigener Menschen hervor.

135 An der Finanzierung der Pipeline beteiligten sich Medienberichten zufolge unter anderem auch die Deutsche Bank und die Bayerische Landesbank (BayernLB).

Leider nahm der neugewählte Präsident Donald Trump diese Entscheidung nur wenige Monate später wieder zurück. Mit dem Bau der Pipeline hielt auch die befürchtete Errichtung weiterer Man Camps in North Dakota an. Im Oktober 2019 zählte die MMIW-Datenbank 529 Fälle von verschwundenen und ermordeten Indigenen Frauen* in den Staaten Montana, North Dakota, South Dakota und Nebraska. Fast 80 % dieser Fälle sind ungeklärt, bei 30 % der Fälle handelt es sich um verschwundene Personen.[136]

Oft wird der Begriff der *toxischen Männlichkeit* verwendet, wenn es darum geht, das Verhalten der Kohle- und Ölarbeiter in den Man Camps zu beschreiben, die sich gegenseitig in ihrer Frauen*feindlichkeit und ihrem Rassismus anstacheln. Toxische Männlichkeit verweist auf bestimmte ›giftige‹ kulturelle Normen, die das Bild davon bestimmen, wie ein Mann[137] sich zu verhalten hat. Dazu zählen unter anderem Dominanz, Gewalt, Aggression, Frauen*feindlichkeit und Homophobie. Diese Normen stellen die Kehrseite des Sexismus dar: Wer ihnen nicht gerecht wird, wird von der Gruppe als weniger männlich wahrgenommen. Auf diese Weise trägt die patriarchale Ideologie dazu bei, dass sich Gewaltverbrechen in der Umgebung der Man Camps häufen. Toxische Männlichkeit ist auch auf einer kulturellen Ebene ein fester Bestandteil der Ideologie des fossilen Kapitalismus. In vielen Ländern – auch in Deutschland – werden zum Beispiel klimafeindliche Verhaltensweisen wie Fleischkonsum und Autofahren oft mit Männlichkeit assoziiert.[138] Ein solches Verständnis von Männlichkeit ist wortwörtlich toxisch – es fördert die Verschmutzung der Atmosphäre und die Zerstörung von Lebensgrundlagen. Vielleicht erklärt dies auch die Ressentiments, auf die die Klimabewegung bei vielen älteren Männern stößt. Nicht umsonst gab sich die Facebook-Gruppe, die sich im Juni 2019 mit dem Ziel bildete, die »Klimahysterie zu beenden«, und die innerhalb weniger Tage mehrere Hunderttausend Mitglieder hinzugewann,

136 Die Datenbank kann online unter abgerufen werden unter: https://www.sovereign-bodies.org/mmiw-database (29.11.2020)

137 Der Begriff *Männlichkeit* verweist im Folgenden nicht auf eine biologische Disposition, sondern auf die Eigenschaften, die männlich gelesenen Personen durch die Gesellschaft zugeschrieben werden.

138 TU Darmstadt (2018): Veganismus und Männlichkeiten. *TU Darmstadt*. Interview. https://www.tu-darmstadt.de/universitaet/aktuelles_meldungen/archiv_2/2018/2018quartal4/neuesausdertueinzelansichtbreitespalte_218368.de.jsp (29.11.2020); Reynolds, Lindsey (2020): Why Is Toxic Masculinity Such a Big Part of Car Culture? *Treehugger Magazine*. https://www.treehugger.com/why-toxic-masculinity-such-huge-part-car-culture-4847439

den Namen *Fridays for Hubraum*. Nach nur wenigen Tagen fühlten sich die Initiator*innen dazu gezwungen, die Gruppe wieder zu schließen. Zu groß war die Lawine an Hasskommentaren bis hin zu Morddrohungen geworden.

In Anbetracht der Tatsache, dass *weiße* Männer in der fossilen Industrie und verwandten Berufen am meisten von der Klimakrise profitieren, ist es auch nicht weiter überraschend, dass sie die demografische Gruppe sind, die am häufigsten den Klimawandel leugnet. Zu diesem Ergebnis kommt eine Studie der Forscher Aaron McCright und Riley Dunlap mit dem passenden Titel *Cool Dudes*.[139] Das Zusammenspiel von Patriarchat und fossilem Kapitalismus trägt so dazu bei, die Klimakrise noch weiter zu befeuern und eine sozial-ökologische Wende zu blockieren.

Die Diskrepanz zwischen der überproportionalen Betroffenheit von Frauen* durch Klimaungerechtigkeit und der toxischen Männlichkeit der klimazerstörenden fossilen Industrie belegt, wie wichtig eine feministische Perspektive auf das Thema Klimagerechtigkeit ist. Der *Ökofeminismus*, zu dessen bekanntesten Vertreter*innen die Theoretikerinnen Vandana Shiva und Maria Mies gehören, brachte eine Gender-Perspektive schon in den 1980er-Jahren in die Umweltgerechtigkeitsbewegung ein. Sie argumentierten, dass die Ausbeutung der Körper von Frauen* und der Natur im gegenwärtigen Wirtschaftssystem entlang ähnlicher Linien verlaufe. Sowohl die zunehmende Gewalt gegenüber Frauen*, als auch der eskalierende Raubbau an der Natur sind Shiva und Mies zufolge auf neoliberale Reformen zurückzuführen, die den Akkumulationsdruck in der Wirtschaft noch weiter erhöhten.[140] Nicht nur der Planet Erde, sondern auch die Körper von Frauen* mussten als Orte der *Extraktion* herhalten, um immer mehr Wirtschaftswachstum zu ermöglichen. Shiva und Mies folgern, dass nur ein gemeinsamer, ökofeministischer Kampf gegen Kapitalismus und Patriarchat diese tödliche Spirale beenden könne. Auch wenn sich die ökofeministische Literatur seither in verschiedene Richtungen weiterentwickelt hat, hat die grundlegende Analyse der Verschränkungen von Patriarchat und Umweltzerstörung nicht an Aktualität eingebüßt.

---

139 McCright, Aaron und Riley E. Dunlap (2011): Cool dudes: The denial of climate change among conservative white males in the United States. In: *Global Environmental Change* 21, Issue 4, Oktober 2011. S. 1163-1172.

140 Mies, Maria und Shiva, Vandana (1993). *Ecofeminism*. London und New York: Zed Books. S. xiv.

Fliegende Schuhe und kaputte Schaufenster: Anekdoten des Widerstands

Von der Sufragetten-Bewegung, die vor gut hundert Jahren in Großbritannien das Frauenwahlrecht erkämpfte, über die isländischen Frauen*, die 1974 für ihre Rechte streikten, bis hin zu postkolonialen und queeren Feminismen: Im Laufe ihrer Geschichte hat die Frauen*bewegung immer wieder neue Strategien, Konzepte und Ansätze hervorgebracht, um Rechte und Freiheiten zu erkämpfen und zu verteidigen.

Um Aufmerksamkeit für ihre Anliegen zu gewinnen, setzten Frauen*bewegungen oft auf spektakuläre Aktionen und gezielte Sachbeschädigung. Für ihre radikalen Methoden bekannt wurde zum Beispiel die Suffragetten-Bewegung in Großbritannien, die fort im frühen 20. Jahrhundert für das Frauenwahlrecht kämpfte. Nachdem sich die Suffragetten jahrzehntelang vergeblich mit friedlichen Mitteln für die politischen Rechte eingesetzt hatten, sahen einige ihren letzten Ausweg im militanten Kampf. Sie sabotierten Briefkästen und Telegrafenmasten, schlugen Schaufenster ein und platzierten sogar einen Sprengsatz am Haus des späteren Premierministers David Lloyd George. Ab dem Jahr 1928 durften Frauen* in Großbritannien dann endlich wählen.

Im Westdeutschland der Nachkriegszeit war es ein Tomatenwurf, der den Auftakt für die Zweite Welle der Frauen*bewegung gab. Auf dem Kongress des Sozialistischen Deutschen Studentenbundes im September 1968 warf die studentischen Aktivistin Sigrid Rüger aus Protest gegen die Ignoranz ihrer männlichen Mitstreiter spontan einige frisch eingekaufte Tomaten in Richtung Tagungspräsidium und erzwang so die Auseinandersetzung mit den Positionen der damals neugegründeten feministischen Gruppe *Aktionsrat zur Befreiung der Frauen*. Noch am selben Abend gründeten sich in vielen Universitätsstädten Frauen*gruppen.[141]

In Liberia wendeten Frauen* die Methode des Sexstreiks an, um ihrer Forderung nach Beendigung des grausamen vierzehnjährigen Bürgerkriegs Nachdruck zu verleihen. Der Aufruf zum Streik erfolgte durch die Bewegung *Women of Liberia Mass Action for Peace*. Die Aktionsform war im vom

141 Heckmann-Janz, Kirsten (2018): Ein Tomatenwurf als »Funke im Pulverfass«. *Deutschlandfunk*. Web. https://www.deutschlandfunk.de/vor-50-jahren-ein-tomatenwurf-als-funke-im-pulverfass.871.de.html?dram:article_id=427706 (15.02.2021)

Bürgerkrieg zerstörten Liberia auch deshalb ein probates Mittel, da sie ein gesellschaftliches Tabu thematisierte und dementsprechend viel Aufmerksamkeit erregte.[142] Einige Jahre später wurde die Nobelpreisträgerin Ellen Johnson Sirleaf zur ersten weiblichen Präsidentin des Landes gewählt.

Eine andere Form des radikalen Widerstands wählte die ugandische Feministin Stelly Nyanzi. Nachdem der Präsident Ugandas, Yoseweni Museveri, sein Wahlversprechen, kostenlose Binden für Schülerinnen bereitzustellen, brach, veröffentlichte Nyanzi auf Facebook ein Gedicht, in dem sie sich wünscht, Museveris Mutter hätte ihr Kind abgetrieben – ein absolutes Tabu. Mit ihrer ›radikalen Unhöflichkeit‹ griff Nyanzi eine Strategie des antikolonialen Widerstands wieder auf, die ihr zwar eine mehrjährige Haftstrafe einbrachte, aber gleichzeitig eine breitere Öffentlichkeit für feministische Themen herstellte und viele Unterstützer*innen mobilisierte.

Der Kampf für Klimagerechtigkeit kann viel von der Bandbreite der Erfahrungen und Strategien feministischer Bewegungen lernen. Im Idealfall ergänzen sich Klimastreik und Frauen*streik, wie im Herbst 2019 in der Schweiz, als Frauen*- und Klimastreiks zusammenkamen und politisch die zweite Jahreshälfte prägten. Wie der Schweizer Historiker und Politiker Josef Lang feststellt, trugen beide Bewegungen gemeinsam dazu bei, zum ersten Mal seit geraumer Zeit das Thema Migration aus den Schlagzeilen zu verdrängen und so die Diskursmacht der konservativen Schweizer Volkspartei zu brechen.[143]

Bewaffnetes Rettungsboot? Zur Gefahr des Ökofaschismus

Leider teilen nicht alle Menschen, die sich für Umwelt- und Klimaschutz engagieren, ein feministisches und antirassistisches Grundverständnis. Auch *Ökofaschist*innen* versuchen immer wieder, die Klimakrise für sich zu vereinnahmen. Damit sind an dieser Stelle nicht etwa linke Aktivist*innen

---

142 Allerdings gibt es auch reichlich feministische Kritik an der Strategie des Sexstreiks. Kritiker*innen monieren beispielsweise, dass das Konzept des Sexstreiks von heteronormativen Ideen geprägt ist und die Perspektive der LGBTIQ-Community marginalisiere. Außerdem weisen sie darauf hin, dass die Idee eines Sexstreiks auf der absurden Idee basiert, dass die Macht von Frauen* primär in ihrer Rolle als Sexualpartnerinnen von Männern liegt.

143 Lang, Josef (2020): Die Klima- und die Frauenbewegung haben die SVP gemeinsam besiegt. *Neue Zürcher Zeitung.* https://nzzas.nzz.ch/meinungen/die-klima-und-die-frauenbewegung-haben-die-svp-gemeinsam-besiegt-ld.1553595?reduced=true (09.01.2021)

gemeint, die von geschichtsvergessenen rechten Pöbler*innen gelegentlich ›faschistischer‹ Methoden bezichtigt werden[144], sondern Anhänger*innen einer patriarchalen und rassistischen Ideologie, die die Klimakrise in erster Linie als ein Problem der Überbevölkerung und der Immigration ansieht. Zwei schreckliche Massaker im Jahr 2019 zeigten jüngst, wie gefährlich das ökofaschistische Gedankengut ist. Bei einem Terroranschlag auf zwei Moscheen in der neuseeländischen Stadt Christchurch ermordete der australische Rechtsextremist Brenton Tarrant 51 Menschen. In seinem Manifest bezeichnet er sich selbst als »ethnonationalistischen Ökofaschisten« und schreibt, er glaube an eine »ethnische Autonomie für alle Völker mit einem Fokus auf den Erhalt der Natur und der natürlichen Ordnung«.[145] Nur fünf Monate nach dem Attentat von Christchurch betrat ein weiterer Rechtsterrorist einen Supermarkt im texanischen El Paso und erschoss 22 Menschen vermeintlich lateinamerikanischer Herkunft. Seine Bluttat erklärte der bislang nicht identifizierte Attentäter mit den Worten:

> »Die Dezimierung der Umwelt stellt eine massive Belastung für zukünftige Generationen dar. Konzerne, die schamlos Ressourcen überbeanspruchen, stehen an der Spitze der Umweltzerstörung. (...) Wenn wir nur genügend Menschen loswerden können, dann kann unsere Lebensweise nachhaltiger werden.«[146]

Beide Attentäter*innen rechtfertigten ihre Gräueltaten, indem sie auf einen vermeintlichen Zusammenhang zwischen Überbevölkerung, Migration und Umweltzerstörung verwiesen. Indem Ökofaschist*innen diesen konstruierten Zusammenhang immer wieder hervorheben, obwohl er

144 Eine Meisterleistung der Geschichtsvergessenheit, die dazu führt, dass der Begriff *Ökofaschismus* im öffentlichen Diskurs regelmäßig zweideutige Assoziationen weckt.

145 »I am an Ethno-nationalist Eco-fascist. Ethnic autonomy for all peoples with a focus on the preservation of nature, and the natural order«, schreibt Tarrant in seinem Manifest, das im Internet kursiert. Für eine Einordnung siehe: Diwarker, Amar (2019): How white supremacists wield environmentalism to mask racism. *TRT World*. https://www.trtworld.com/opinion/how-white-supremacists-wield-environmentalism-to-mask-racism-25376 (13.01.2021)

146 »The decimation of the environment is creating a massive burden for future generations. Corporations are heading the destruction of our environment by shamelessly overharvesting resources. (...) If we can get rid of enough people, then our way of life can be more sustainable.« Zitiert aus dem El Paso Shooter Manifesto, das im Internet kursiert. Für eine Einordnung siehe: Chatterjee, Elizabeth (2019): Green and White Nationalism. *London Review of Books*. Web. https://www.lrb.co.uk/blog/2019/september/green-and-white-nationalism (13.01.2021)

empirisch falsch und irreführend ist, bewirken sie eine gefährliche Diskursverschiebung, die weit in die Mitte der Gesellschaft hineinwirkt. Auch deshalb ist eine feministische und antifaschistische Perspektive auf die Klimakrise so wichtig.

Bislang stehen die meisten faschistischen Gruppierungen in der öffentlichen Klimadebatte zuverlässig an der Seite der Klimawandelleugner*innen, auch die deutsche AfD ist in dieser Hinsicht keine Ausnahme. Doch schon immer gab es unter Faschist*innen eine Faszination für Wildnis, Natur und Heimat. Die rassistischen Wurzeln der *weißen* Umweltbewegung in den USA haben wir im ersten Kapitel bereits kurz gestreift. Die älteste und größte Naturschutzorganisation des Landes, der Sierra Club, wurde im 19. Jahrhundert von ausgewiesenen Rassisten wie John Muir, Joseph Le Contre und David Starr Jordan gegründet. Jordans Engagement, beispielsweise, beschränkte sich nicht auf seinen Vorstandsposten in der neu gegründeten Umweltorganisation. Er war auch ein Befürworter der *Eugenik,* der von der Überlegenheit der ›*weißen* Rasse‹ überzeugt war und sich für Zwangssterilisierungsgesetzte und -programme einsetzte, von denen Zehntausende Frauen* betroffen waren. Erst im Juli 2020, mehr als ein Jahrhundert später, distanzierte sich der geschäftsführende Direktor des Sierra Clubs, Michael Brune, in einer ausführlichen Erklärung vom rassistischen und frauenverachtenden Gedankengut der Gründungsväter des Clubs.[147] In der deutschen Geschichte finden sich ebenfalls Spuren des Gedankenguts der US-amerikanischen Ökorassisten wieder. Zu Hitlers Lieblingsbüchern gehörte beispielsweise das Werk *The Passing of the Great Race* des US-amerikanischen Eugenikers Madison Grant, in dem Grant Umweltschutz und seine Rassentheorie miteinander verknüpft. Ein ›grüner Flügel‹ der NSDAP sah Vegetarianismus, ökologische Landwirtschaft und Naturschutz als wichtige Bestandteile der nationalsozialistischen Ideologie an. An eine grün-nationalistische Rhetorik knüpften später wiederum Teile der Grünen und Teile der Partei ÖDP an. So vertrat Herbert Gruhl, Mitbegründer der Grünen und der ÖDP sowie des BUND, die Auffassung, ein zu hohes Bevölkerungswachstum verstoße gegen die Naturgesetze und zu Recht werde dies von der Natur mit dem Tod bestraft. »Für einige überfüllte Populationen [er meint die Menschen, Anm. d. A.] mag dann

147 Brune, Michael (2020): Pulling Down Our Monuments. *Sierra Club.* Web. https://www.sierraclub.org/michael-brune/2020/07/john-muir-early-history-sierra-club (29.11.2020)

Gewalt oder sogar die Atombombe eines Tages keine Drohung mehr sein, sondern Befreiung.«[148]

Mit seinen Äußerungen bediente Gruhl ein beliebtes ökofaschistisches Motiv: den vermeintlichen Zusammenhang zwischen Bevölkerungswachstum und Umweltzerstörung. Er stellt sich mit solchen Aussagen in die Tradition des englischen Ökonomen Thomas Malthus, der schon im 18. Jahrhundert vor einer Überbevölkerungskatastrophe warnte und ausrechnete, dass die Menschheit bei anhaltendem Bevölkerungswachstum bald nicht mehr ernährt werden könne. Malthus gab ausschließlich der hemmungslosen Vermehrung der Armen die Schuld an der Bevölkerungsentwicklung, ohne ein Wort über den nahezu schrankenlosen Konsum der zeitgenössischen Oberschicht zu verlieren. Diese Einseitigkeit riss selbst den liberalen Ökonomen und Zeitgenossen Malthus', David Ricardo, zu dem Vorwurf hin, Malthus' Theorie sei in erster Linie ein unwissenschaftlicher Versuch, den Reichen die Armut der vielen erträglicher zu machen. Obwohl die von Malthus vorhergesagte Katastrophe nie eintrat, geistert das Gespenst des Malthusianismus seither über die Buchrücken der Populärwissenschaft. In ihrem 1968 erschienenen Bestseller *The Population Bomb* warnen die Stanford-Professor*innen Paul und Anne Ehrlich ihre Leser*innen: »Die Schlacht um die Ernährung der Menschheit ist verloren. In den 1970er- und 80er-Jahren werden Hunderte Millionen Menschen verhungern – egal welche Soforthilfeprogramme nun aufgelegt werden.«[149] Einen ähnlich alarmistischen Ton schlug wenige Jahre später auch die Studie *Die Grenzen des Wachstums* an, die 1972 durch den Thinktank *Club of Rome* veröffentlicht und seither mehr als 30 Millionen Mal verkauft wurde. In dem Report wird Bevölkerungswachstum als Ursache für eine außer Kontrolle geratene Umweltverschmutzung gesehen und einmal mehr eine globale Ernährungskatastrophe vorhergesagt.[150] Auch die Klimakrise interpretieren Ökofaschist*innen entlang der gewohnten Argumentationsmuster als ein Problem der Überbevölkerung.

---

148 Ditfurth, Jutta (2020): Umwelt gut – Mensch böse. *Neues Deutschland.* Web. https://www.neues-deutschland.de/artikel/1135140.jutta-ditfurth-umwelt-gut-mensch-boese.html (29.11.2020)

149 »The battle to feed all of humanity is over. In the 1970s and 1980s hundreds of millions of people will starve to death in spite of any crash programs embarked upon now.« In: Ehrlich, Paul (1986): *The Population Bomb.* New York: Ballantine Books.

150 Meadows, Dennis (Hg., 1972): *Die Grenzen des Wachstums.* Stuttgart: Deutsche Verlags-Anstalt.

Selbst in kritischen Kreisen sind Veröffentlichungen wie der Report über die *Grenzen des Wachstums* aufgrund ihrer wachstumskritischen Botschaft gern zitierte Quellen. Dabei ist ihre Kernaussage empirisch offensichtlich falsch – schließlich haben die allermeisten Menschen nur wenig zur Entstehung der Klimakrise beigetragen. Es ist es eine relativ kleine, globale Oberschicht, der ein Großteil der globalen CO_2-Emissionen zuzuordnen ist. Eine Studie der Nichtregierungsorganisation Oxfam kam 2020 zu dem Ergebnis, dass das reichste Prozent der Menschheit für mehr als doppelt so viele CO_2-Emissionen verantwortlich ist wie die gesamte ärmere Hälfte.[151] Das Problem ist also zunächst einmal nicht, dass es zu viele Menschen gibt, sondern die Existenz eines Systems, in dem einige wenige Menschen ihren immensen Reichtum auf Kosten anderer Menschen und ohne Rücksicht auf das Wohl des Planeten immer weiter vermehren.

Dieser grobe Fehler in der Analyse des Problems führt zu teilweise grausamen Lösungsvorschlägen wie der sogenannten *Bevölkerungskontrolle*. Das Spektrum an vorgeschlagenen Maßnahmen zur Lösung des vermeintlichen Überbevölkerungsproblems reicht von Familienplanungsmaßnahmen bis hin zu Zwangssterilisierungen oder sogar Genozid. Bevölkerungspolitik hat Geschichte: Organisationen wie die Weltbank und amerikanische Stiftungen wie die Ford-Stiftung und die Rockefeller Foundation begannen nämlich schon in den 1960er-Jahren, Überbevölkerung als ein Problem anzusehen. Sie fürchteten, eine Bevölkerungsexplosion in der sogenannten Dritten Welt könnte sich als Nährboden für kommunistische Revolutionen erweisen und somit eine Gefahr für die kapitalistische Ordnung darstellen. Oft wurden Entwicklungshilfezahlungen deshalb an Bevölkerungskontrollmaßnahmen geknüpft. Der US-Präsident Lyndon B. Johnson beispielsweise ließ verlauten: »Ich werde keine Entwicklungshilfe in Ländern verprassen, die sich weigern, ihre Bevölkerungsprobleme anzugehen.«[152] Das Resultat dieser Politik waren Zwangssterilisationskampagnen wie in Indien, wo in den 1970er-Jahren acht Millionen Frauen* – oft gegen ihren Willen –

151 Oxfam Press Release (2020): Carbon emissions of richest 1 percent more than double the emissions of the poorest half of humanity. *Oxfam*. https://www.oxfam.org/en/press-releases/carbon-emissions-richest-1-percent-more-double-emissions-poorest-half-humanity

152 »I'm not going to piss away foreign aid in nations where they refuse to deal with their own population problems.« Zitiert aus: Connelly, Matthew (2008): *Fatal Misconception. The Struggle to Control World Population*. Cambridge, MA und London: Belknap Press.

sterilisiert wurden.[153] In Bangladesch wurden Frauen* dafür bezahlt, sich sterilisieren zu lassen, und in Indonesien legte die Regierung Bevölkerungsziele fest, zu deren Einhaltung die Lokalregierungen verpflichtet waren.

Das bekannteste Beispiel für eine rigide Politik der Bevölkerungskontrolle ist aber wohl die Ein-Kind-Politik, die von 1979 bis 2015 in China praktiziert wurde. Mit nur wenigen Ausnahmen war es dort Frauen* verboten, mehr als ein Kind zu gebären. Die Ein-Kind-Politik wurde mit aller Gewalt durchgesetzt. Seit 1971 gab es in China 336 Millionen Abtreibungen und 196 Millionen Sterilisationen. Mehr als 403 Millionen Verhütungsspiralen wurden eingesetzt.[154] Auch die Zahl der Kindestötungen stieg in der Ära der Ein-Kind-Politik rapide an. Insbesondere junge Mädchen wurden von ihren Familien getötet, die lieber einen Sohn haben wollten. Aus Angst vor drakonischen Strafen wurden viele Kinder von ihren Familien versteckt oder ausgesetzt. Schätzungen zufolge leben bis heute über 13 Millionen ›Geisterkinder‹ ohne Dokumente in China.

Eines haben fast alle Maßnahmen der Bevölkerungsreduktion gemeinsam: Die größte Bürde trugen stets Frauen* aus dem Globalen Süden. Nicht nur sprach eine Politik der Bevölkerungskontrolle ihnen das Recht ab, selbst darüber zu entscheiden, ob und wie sie Kinder großziehen möchten. Oft führte sie sogar zu Gewalt bis hin zur Zwangssterilisierung. Umweltprobleme gelöst, hat eine solche Politik hingegen in den wenigsten Fällen. Einer vereinfachenden Rhetorik, die Umweltprobleme und Klimawandel auf Überbevölkerung zurückführt, sollte die Klimagerechtigkeitsbewegung daher aus einer feministischen und antirassistischen Perspektive mit Entschiedenheit entgegentreten.[155]

Neben der obsessiven Fokussierung auf eine angebliche Überbevölkerung ist auch das Thema Immigration ein wesentlicher Bestandteil ökofaschistischer Rhetorik. Aus einer ökofaschistischen Sicht bringt Migration

---

153 Vanderklippe, Nathan (2015): The ghost children: In the wake of China's one-child policy, a generation is lost. *The Globe and Mail.* https://www.theglobeandmail.com/news/world/the-ghost-children-in-the-wake-of-chinas-one-child-policy-a-generation-is-lost/article23454402/

154 Ebd.

155 Einige Ökofaschist*innen sehen die Klimakrise aber auch gar nicht erst als ein Problem an, sondern als ein notwendiges Korrektiv. Sie verstehen die Klimakrise als eine Art Bestrafung der Natur für die Sünden der Menschheit. Auf diese Einstellung gehen Sprüche wie »Der Mensch ist das Virus« und das Motto »Klimaschutz durch Genozid« zurück. Der Zynismus solcher Aussagen spricht für sich.

das ›natürliche‹ Gleichgewicht einer Gesellschaft durcheinander und unterminiert die angebliche Verbindung zwischen ›Volk‹ und ›Boden‹. Das ist der Grund dafür, dass sich die Terrorattacken der ökofaschistischen Attentäter von Christchurch und El Paso explizit gegen *migrantisierte Personen*[156] richteten. Ferner hängen Ökofaschist*innen dem Glauben an, dass das Überleben des ›eigenen Volkes‹ in der Klimakrise um jeden Preis gegen die zur Gefahr erklärten Migrant*innen verteidigt werden müsse. Eine beliebte Metapher ist das Bild des ›bewaffneten Rettungsbootes‹, das 1974 durch den rechtsextremen US-amerikanischen Mikrobiologen Garrett Hardin geprägt wurde. In seinem Aufsatz *Living on a Lifeboat* beschreibt Hardin die Welt als ein Meer voller hungriger und armer Menschen, die sich in einem ständigen Überlebenskampf befinden und verzweifelt versuchen, an Bord eines der im Meer schwimmenden Rettungsboote (gemeint sind die reichen Industrienationen des Westens) zu kommen. Hardin rät den reichen Nationen, ihre ›Rettungsboote‹ bestmöglich abzuschotten und im Notfall alles dafür zu tun, um ihre ›Boote‹ vor weiteren Hilfesuchenden zu verteidigen.[157]

Hardins zynische Argumentation mag absurd und offensichtlich menschenverachtend klingen. An den Grenzen der ›Festung Europa‹ wird Politik des bewaffneten Rettungsboots jedoch längst umgesetzt. Jährlich sterben dort Tausende Menschen bei der Überquerung des Mittelmeers, darunter viele Menschen, die vor der Klimakrise und daraus resultierenden Konflikten wie beispielsweise der Dürre und dem Bürgerkrieg in Syrien oder der Tschadsee-Region fliehen. Andere leben unter menschenunwürdigen Bedingungen in völlig überfüllten Lagern wie dem Camp Moria auf der griechischen Insel Lesbos. Aus den durch EU-Geldern finanzierten Lagern in Libyen dringen regelmäßig Berichte über schwere Menschenrechtsverletzungen, Sklaverei, Folter und Vergewaltigungen.[158] Selbst an den unmittelbaren europäischen Außengrenzen auf der Balkanroute werden

156 Der Begriff *migrantisierte Personen* bezieht sich auf Personen, die von der Mehrheitsgesellschaft als Migrant*innen wahrgenommen werden. Es handelt sich nicht zwangsläufig um Personen mit einer Migrationsbiografie.

157 Hardin, Garrett (1974): Living on a Lifeboat. In: *Bioscience* 24(10). S. 561-568. https://www.garretthardinsociety.org/articles_pdf/living_on_a_lifeboat.pdf (29.11.2020)

158 Creta, Sara und Schäfer, Jan M. (2020). *Endstation Libyen – Europa schottet sich ab.* Dokumentarfilm. https://www.zdf.de/dokumentation/zdfzoom/zdfzoom-endstation-libyen---europa-schottet-sich-ab-100.html

regelmäßig Hetzjagden mit Hunden, Schüsse und gezielte Körperverletzungen gemeldet. Immer wieder werden Menschen zwangsweise zurück über die kroatische Grenze geschickt, geschlagen, ausgeraubt und ihre Dokumente verbrannt.

All dies geschieht, um ein vermeintlich *weißes* Europa vor einer herbeifantasierten Invasion zu beschützen. Organisierte Neonazis und Rassist*innen werden, mit stiller Billigung der bürgerlichen Mitte, auch in Zukunft den Druck aufrechterhalten, diese Verhältnisse zu bewahren. Wieder sind es Frauen*, die durch die ökofaschistische Rhetorik in besonderer Weise ins Visier genommen werden. Auf der einen Seite werden migrantische Frauen* als besondere Gefahr für den imaginierten *Volkskörper* dargestellt, auf der anderen Seite sollen *weiße* Frauen* als Mütter und Hausfrauen für dessen Fortbestand sorgen und werden somit ebenfalls auf ihre reproduktive Rolle reduziert. Vor diesem Hintergrund ist es wohl kein Zufall, dass sich immer mehr rechte Terroristen in antifeministischen Onlineforen radikalisieren.[159] Faschismus und Patriarchat gehen hier einmal mehr Hand in Hand. Ohne Feminismus und Antifaschismus kommt Klimagerechtigkeit daher nicht aus.

Im Gegensatz zum Ökofaschismus kennt Klimagerechtigkeit keine Grenzen, sondern beruht auf Solidarität und Kooperation. Doch wie lassen sich die Kämpfe gegen Kolonialismus, Kapitalismus und Patriarchat in der Praxis am besten solidarisch vereinen?

159 Jasser, Greta, Megan Kelly und Ann-Kathrin Rothermel (2020): Male supremacism and the Hanau terrorist attack: between online misogyny and far-right violence. *ICCT The Hague.* Web. https://icct.nl/publication/male-supremacism-and-the-hanau-terrorist-attack-between-online-misogyny-and-far-right-violence/ (29.11.2020)

Kapitel 5:
Der Knoten im Faden: Intersektionalität und Moderne

There is no such thing as a single-issue struggle because we do not live single-issue lives.

Audre Lorde[160]

Hoch die intersektionale Solidarität!

Der Kampf für Klimagerechtigkeit vereint eine Vielzahl von Anliegen – darunter den antikolonialen Widerstand, die Suche nach Alternativen zum kapitalistischen Wirtschaftssystem und den Kampf gegen das Patriarchat. Diese Aufzählung lässt sich um weitere wichtige emanzipatorische[161] Perspektiven erweitern: So bieten auch *queere*[162] und *anti-ableistische* Ansätze[163], anarchistische Theorien und Perspektiven aus der Tierrechts- und Friedensbewegung wichtige Einsichten in die Funktionsweise des fossilen Kapitalismus und Strategien des Widerstands. Durch ihre enorme

160 Lorde, Audre (1960): Learning from the 60s. In: *Sister Outsider: Essays & Speeches by Audre Lorde*. Berkeley, CA: Crossing Press. S. 138.

161 Emanzipatorische Kämpfe zielen darauf ab, Systeme der Unterdrückung zu überwinden. Das Wort Emanzipation bezeichnete ursprünglich die Freilassung von Sklav*innen im antiken Rom (ex manus capere).

162 Queer war lange Zeit in der englischsprachigen Welt ein Schimpfwort für Menschen, deren sexuelle oder geschlechtliche Identitäten von der Cis-Heteronormativität abweichen. Inzwischen hat die LGBTQIA+-Community (LGBTQIA+ steht für die englischen Begriffe für lesbisch, schwul, bisexuell, transgender, queer, intersexuell und asexuell, das + symbolisiert weitere unbenannte Gruppen) den Begriff erfolgreich besetzt, um Perspektiven zu beschreiben, die gesellschaftliche Normen hinsichtlich sexueller und geschlechtlicher Identität infrage stellen.

163 Ableismus bezeichnet ein Wertesystem, dass gewisse körperliche und geistige Eigenschaften zur gesellschaftlichen Norm erhebt und damit dazu beiträgt, die Diskriminierung von Menschen mit Behinderung zu legitimieren.

inhaltliche Vielschichtigkeit hat die Klimagerechtigkeitsbewegung das Potenzial, verschiedenste progressive gesellschaftliche Akteur*innen solidarisch zusammenzubringen. Schließlich geht das Thema Klimagerechtigkeit auf die ein oder andere Art und Weise alle etwas an. Zugleich führt die Tatsache, dass Klimagerechtigkeit so viele wichtige Dimensionen hat, aber auch oft zu Verwirrung und Konflikten. Wessen Anliegen ist denn nun am wichtigsten und verdient am meisten Aufmerksamkeit? Welche Gruppen sollten Redezeit auf der nächsten Demo bekommen? Diese Bestimmungsschwierigkeiten hängen damit zusammen, dass alle genannten Phänomene zwar offensichtlich irgendwie miteinander zusammenhängen, aber ihre Beziehung zueinander nicht immer einfach zu fassen ist.

Ein Wort fällt im Kontext der Klimagerechtigkeitsbewegung immer wieder, wenn es darum geht, die Verwobenheit der verschiedenen Herrschaftsmechanismen zu thematisieren: *Intersektionalität.*

Geprägt wurde der Begriff 1989 in den Vereinigten Staaten durch die afroamerikanische Juristin Kimberley Crenshaw. Crenshaw beschäftigte sich in ihrer Forschung mit der Überlagerung verschiedener Diskriminierungsformen im Rechtssystem der USA. Sie argumentierte beispielsweise, dass Schwarze Frauen* in den USA auf eine Art und Weise diskriminiert werden, die sich nicht einfach als rassistische oder sexistische Diskriminierung, sondern nur durch das Zusammenspiel beider Dimensionen erklären lässt. In ihrem bahnbrechenden Aufsatz *Demarginalizing the Intersection of Race and Sex* präsentierte Crenshaw eine Reihe von Gerichtsurteilen, die diese systematische Diskriminierung von Schwarzen Frauen* belegen. Im Fall ›DeGraffenreid v. General Motors‹ von 1976 beispielsweise verklagte Emma DeGraffenreid gemeinsam mit anderen Schwarzen Frauen* ihren früheren Arbeitgeber, den Autohersteller General Motors, wegen Diskriminierung, da die Firma vor 1964 keine Schwarzen Frauen* eingestellt hatte und wenig später alle Schwarzen Frauen* entließ. Das Gericht aber konnte in diesem Fall keine Diskriminierung erkennen, da General Motors sowohl (*weiße*) Frauen*, als auch Schwarze (Männer) einstellte. Der Firma konnte daher weder eine rassistische noch eine sexistische Diskriminierung nachgewiesen werden, und das geltende Gesetz bot keine Möglichkeit, eine doppelte – rassistische und sexistische – Diskriminierung gegenüber Schwarzen Frauen* zu sanktionieren. Diese Überlagerung verschiedener Diskriminierungsformen taufte Crenshaw »Intersektionalität«.

Neben Crenshaw beschäftigten sich eine ganze Reihe Schwarzer feministischer Denkerinnen, darunter Selma James, Angela Davis, Audre Lorde und das Combahee River Collective, mit dem Phänomen der doppelten Diskriminierung (auch wenn nicht alle der genannten Autorinnen den Begriff Intersektionalität verwendeten). Die meisten dieser frühen Denker*innen der Intersektionalität waren Anhänger*innen eines revolutionären Sozialismus. Im Manifest des Combahee River Collective heißt es beispielsweise:

> »Wir sind Sozialistinnen*, weil wir glauben, dass Arbeit für den kollektiven Nutzen derjenigen strukturiert sein sollte, die Arbeit leisten und die Produkte herstellen, und nicht für den Profit der Firmenchefs. Materielle Ressourcen müssen gleichmäßig unter denjenigen verteilt werden, die diese produziert haben. Allerdings sind wir nicht davon überzeugt, dass eine sozialistische Revolution, die nicht auch eine feministische und anti-rassistische Revolution ist, unsere Befreiung gewährleisten wird.«[164]

Nach Auffassung der Autor*innen ist Intersektionalität also weit mehr als nur ein Analysewerkzeug für die Überschneidung verschiedener Diskriminierungsformen. Vielmehr geht es ihnen darum, ein politisches Programm zu beschreiben, das Feminismus, Antirassismus und Antikapitalismus vereint. In ihrem Buch *Freiheit ist ein ständiger Kampf*, fasst die Philosophin und Revolutionärin Angela Davis diesen Ansatz unter dem Motto »Intersektionalität der Kämpfe« (gegenüber der »Intersektionalität der Identitäten«) zusammen.[165]

Nur allzu oft gerät der revolutionäre Anspruch der frühen intersektionalen Literatur heutzutage in Vergessenheit. Es ist inzwischen auch in liberalen Kreisen schick, ›intersektional‹ zu denken, wobei der Begriff der Intersektionalität in der Regel auf Fragen der Repräsentation und Diversität, also auf die »Intersektionalität der Identitäten« reduziert wird. Diese Entwicklung schlägt sich auch in den Debatten in der deutschen Klimabewegung nieder. Häufig drehen diese sich darum, wie *weiß* die eigene Bewegung ist und wie eine größere Repräsentation verschiedener

164 The Combahee River Collective (1977): Ein schwarzes feministisches Statement. In: Natasha A. Kelly (Hg.): *Schwarzer Feminismus. Grundlagentexte*. Münster: Unrast 2019. S. 52.

165 Davis, Angela (2015/2016): *Freiheit ist ein ständiger Kampf.* Münster: Unrast Verlag.

Gruppen innerhalb der Klimabewegung erreicht werden kann. »Wie *weiß* sind die neuen Klimaproteste?« fragt beispielsweise eine gut besuchte und viel diskutierte Diskussionsveranstaltung im Herbst 2019 in Berlin.[166]

In Reaktion auf die Diskussionsveranstaltung deutete der Anthropologe Mihir Sharma in einem Aufsatz an, dass die ›neuen Klimaproteste‹ mit Blick auf die lange Geschichte sozial-ökologischer Kämpfe wohl gar nicht so neu sind, wie es der Veranstaltungstitel suggeriert.[167] Indem der Titel der Veranstaltung den jahrhundertelangen Kampf gegen die Ursachen der Klimakrise ›unsichtbar‹ mache, reflektiere er genau die historische Ausgrenzung, deren Kritik die Veranstaltung überhaupt erst gewidmet sei. Wie schon Angela Davis und die Verfasserinnen des *Combahee River Manifesto* plädiert Sharma deshalb für einen Begriff der Intersektionalität, der über den Anspruch personeller Diversität hinausgeht. Auch inhaltlich und methodisch müsse eine intersektionale Klimabewegung den Anspruch haben, verschiedene Herrschaftsformen und Systeme gemeinsam zu bekämpfen. Als Beispiel führt Sharma die Verstrickungen deutscher Banken und Konzerne in Ländern des Globalen Südens an.

Für die Klimagerechtigkeitsbewegung bedeutet Intersektionalität deshalb vielleicht in erster Linie, das Zusammenspiel verschiedenster Ursachen in der Entstehung der Klimakrise anzuerkennen. Eine ›Intersektionalität der Kämpfe‹ verlangt, Kapitalismus, Kolonialismus und Patriarchat gemeinsam solidarisch zu bekämpfen. Das ist auch eine wichtige strategische Einsicht. Die Geschichte zeigt nämlich, dass soziale Bewegungen besonders dann erfolgreich sind, wenn sie es schaffen, möglichst viele Menschen unter einem Banner für radikale, gesellschaftliche Veränderungen zu vereinen. Klimagerechtigkeit hat das Potenzial, ein solches Thema zu werden.

Wenn wir aber den Kampf für Klimagerechtigkeit als intersektionalen Kampf für eine sozial-ökologische Revolution verstehen, dann bedeutet das zweifelsohne auch, dass viele Menschen bereits Teil der Klimagerechtig-

---

166 Veranstaltungstext: https://protestinstitut.eu/bewegungsgespraech-wie-weiss-sind-die-neuen-klimaproteste/ (29.11.2020)

167 Sharma, Mihir (2019): An open letter on the unthought contradictions of doing climate activism. In: *Stillpoint Magazine*, Heft 3. https://stillpointmag.org/articles/an-open-letter-on-the-unthought-contradictions-of-doing-climate-activism/ (29.11.2020). Siehe auch: Bonhomme, Edna und Mihir Sharma (2020): *How do we decolonize everything*? Season 2, Episode 7. Podcast. https://www.decolonizationinaction.com/episodes/2019/10/04/decolonizing-berlin-episode-1-part-1-rxcwnlzcba-hy4se-g6d6f (09.01.2021)

keitsbewegung sind, die sich selbst gar nicht damit identifizieren. Schließlich leisten auch Menschen, die sich gegen Neonazis und Faschismus engagieren, einen wichtigen Beitrag zum Kampf für Klimagerechtigkeit. Ebenso Menschen, die sich für Landreformen oder eine gerechte Stadt einsetzen[168], oder feministische Kollektive, die einen Frauen*streik organisieren. Wenn alle sich gut koordinieren und geschickt an ihren Fäden ziehen, können wir die Entwirrung des Wollknäuels besser in Angriff nehmen.

In der Praxis verlangt der *solidarische* Kampf für Klimagerechtigkeit also ein gewisses Maß an revolutionärer Arbeitsteilung. Es ist völlig in Ordnung, dass manche Menschen sich mehr mit Feminismus und Antirassismus befassen, während andere sich auf Arbeitskämpfe konzentrieren oder Bildungsarbeit leisten. Wichtig ist aber, stets die Verwobenheit der unterschiedlichen Anliegen zu betonen, um einer Spaltung der Bewegung vorzubeugen. Strategisch lohnt es sich daher, Kämpfe in den Blick zu nehmen, die unterschiedliche Machtverhältnisse gleichzeitig angreifen, also genau an denjenigen Knoten im riesigen Wollknäuel der Klimakrise zu zerren und zu rütteln, in denen verschiedenste Fäden zusammenkommen. Die gemeinsamen Proteste von Waldbesetzer*innen, Fridays-for-Future-Aktivist*innen und streikenden Arbeiter*innen für eine sozial-gerechte Verkehrswende oder der internationale Protest gegen das durch den indischen Konzern Adani geplante australische Kohlekraftwerk Carmichael[169] sind gute Beispiele dafür, wie ein intersektionaler Kampf für Klimagerechtigkeit aussehen könnte.

Ein modernes Problem?

Eine weitere Möglichkeit, Kapitalismus, Kolonialismus und Patriarchat zusammenzudenken, besteht darin, zu argumentieren, dass es sich im Grunde genommen nur um Einzelaspekte eines größeren, zusammen-

---

168 Eine Reihe von Studien belegt inzwischen den negativen Effekt von Gentrifizierung auf die Emissionsbilanz von Städten. Das hängt unter anderem mit dem größeren ökologischen Fußabdruck wohlhabender Menschen zusammen. Siehe z.B.: Rice, Jennifer, Daniel Cohen, Joshua Long und Jason Jurjevich (2019): Contradictions of the Climate-friendly City: New Perspective on Eco-Gentrification and Housing Justice. In: *International Journal of Urban and Regional Research,* 44(1). S. 145-165. https://onlinelibrary.wiley.com/doi/epdf/10.1111/1468-2427.12740 (29.11.2020)

169 https://www.stopadani.com/ (29.11.2020)

hängenden Phänomens handelt – der *Moderne*. Anstatt das Wollknäuel der Klimakrise als ein Wirrwarr verschiedener Fäden zu sehen, legt uns diese Sichtweise nahe, die verschiedenen Phänomene als Aspekte eines übergeordneten Ganzen zu interpretieren. Diese Ansicht vertreten unter anderem die Vertreter*innen der *Weltökologie-Konversation*[170] um den US-amerikanischen Historiker Jason W. Moore. Moore betont, die scheinbar verschiedenen konvergierenden Krisen unserer Zeit seien in Wahrheit eine einzige zusammenhängende Krise:

> »Die heutige Krise ist deshalb keine vielfache, sondern eine einzige und in sich mannigfaltige. Sie ist keine Krise von Kapitalismus *und* Natur, sondern von Moderne-*in*-Natur. Diese Moderne ist eine kapitalistische Weltökologie.«[171]

Moderne steht an dieser Stelle nicht für eine bestimmte Epoche in der Architektur oder der klassischen Musik (wie beispielsweise die *Wiener Moderne*), sondern einen anhaltenden Prozess des gesellschaftlichen Umbruchs. Dazu gehören die industrielle Revolution, die Aufklärung, die Fortschritte in der Naturwissenschaft und Medizin, der Säkularismus, die Entstehung moderner Nationalstaaten, aber eben auch Kapitalismus, der Kolonialismus und die moderne patriarchale Arbeitsteilung.[172]

Folgen wir Jason Moore, dann haben viele dieser Veränderungen etwas damit zu tun, dass sich das Verständnis von *Mensch* und *Natur* im Laufe des 16. und 17. Jahrhunderts fundamental wandelte. Noch im Mittelalter überwog in Europa ein sehr breiter Naturbegriff. Der lateinische Begriff *Natura* umfasste damals die Summe aller Lebewesen, die Beziehung zwischen Gott und der Welt und Erklärungen für die Entstehung des Lebens und des Kosmos. Im Laufe der Aufklärung setzte sich dann aber die Idee durch, dass Mensch und Natur zwei vollständig separate und entgegengesetzte Dinge seien. Aus dieser Zeit stammt auch der Begriff ›Umwelt‹, der das moder-

170 Das Weltökologie-Netzwerk (englisch: ›world-ecology network‹) ist ein Forschungsnetzwerk von Theoretiker*innen um den in den USA lehrenden Soziologen Jason Moore, den britischen Autor Raj Patel und die Literaturwissenschaftlerin Sharae Deckard, die sich in ihrem Werk unter anderem mit Fragen der Beziehung zwischen Kapitalismus und Natur befassen.

171 Moore, Jason W. (2019): *Kapitalismus im Lebensnetz. Ökologie und die Akkumulation des Kapitals.* S. 12.

172 Moore verwendet die Begriff Kapitalismus und Moderne in seinen Werken mehr oder weniger synonym. Sein Kapitalismusbegriff geht damit über die Art und Weise hinaus, in der wir die kapitalistische Produktionsweise hier charakterisiert haben.

ne Verständnis der Beziehung zwischen Menschen und Natur sehr gut illustriert: Im Mittelpunkt steht ›der Mensch‹, die Natur hingegen stellt seine *Um*welt dar. Die Umwelt ist nach Ansicht vieler Philosoph*innen der Aufklärung lediglich dazu da, zergliedert, gemessen und erforscht zu werden – um letztendlich vom Menschen besser genutzt und ausgebeutet werden zu können. »Möge nur das menschliche Geschlecht erst sein Recht über die Natur wiedergewinnen, welches ihm nach der göttlichen Verfügung gebührt«, forderte etwa der englische Philosoph Francis Bacon in seinem 1620 veröffentlichten Hauptwerk, dem *Neuen Organon*.[173] Um die Natur endlich wieder zur ›Sklavin‹ der Menschheit zu machen, so der begeisterte Bergbau-Fan Bacon, brauche es die koordinierte Arbeit von Bergleuten, Müllern und Schmieden. Bacons Zeitgenosse, der etwas jüngere französische Philosoph René Descartes, plädierte in seinem Werk ebenfalls für einen strikten Mensch-Natur-Dualismus und für eine Trennung von Körper und Seele, von Geist und Materie. Laut Descartes verfügten nur Menschen über eine Seele. Tiere und Pflanzen hingegen sah der Philosoph als seelenlose Maschinen.

Moore nennt diese Entwicklung des Naturbegriffs in der Moderne nach Descartes deswegen auch die ›kartesische Revolution‹. Er argumentiert, dass die kartesische Revolution eine wichtige ideologische Grundlage für die Entstehung von Rassismus, Kolonialismus und Patriarchat darstellte, indem sie das grundlegende Legitimationsmuster für verschiedenste moderne Herrschaftsmechanismen bereitstellte. Moore erinnert daran, dass Indigene Menschen im spanischen Kolonialismus als *Naturales* bezeichnet und somit ebenfalls als Teil der ›Umwelt‹ designiert wurden. Ähnlich verhielt es sich mit weiblich konnotierter Care-Arbeit, die mit dem Hinweis, es liege einfach in der *Natur* von Frauen*, sich beispielsweise um Kinder und Hausarbeiten zu kümmern, lange Zeit nicht als Arbeit anerkannt wurde und bis heute in vielen Fällen unbezahlt bleibt. Letztendlich basierte auch die Aneignung von Land und Rohstoffen im Kolonialismus auf der Annahme, es handle sich um externe Natur, an der sich *weiße* Männer nach Belieben bereichern könnten, ohne mit Konsequenzen rechnen zu müssen. Auf diese Weise wurde die kartesische Revolution zum gemeinsamen ideologischen

173 Bacon, Francis (1620/1870): *Neues Organon*. Berlin: Heimann Verlag. Digitalisiert unter: https://reader.digitale-sammlungen.de/de/fs1/object/display/bsb11017911_00194.html (08.01.2021)

Ausgangspunkt für Rassismus, Kolonialismus, patriarchale Arbeitsteilung und kapitalistische Akkumulation.

Im Zentrum dieser Verstrickung steht für Moore die Aneignung von unbezahlter Arbeit – sei es die Arbeit der Sklav*innen, unbezahlte Care-Arbeit oder die Arbeit der nicht-menschlichen Natur, die der Kapitalakkumulation zugutekommt. Analog zum *Proletariat*, also den Arbeiter*innen, spricht Moore deswegen auch vom *Femitariat* (unbezahlte Care-Arbeit) und vom *Biotariat* (die Arbeit der Natur). Wenn alle drei Elemente auf ihre Art und Weise streiken, dann wird es eng für die kapitalistische Moderne.

Für die Philosophin Eva von Redecker, die jüngst ein lesenswertes Buch über die Philosophie der neuen Protestformen veröffentlichte, ist es ein ähnlicher Mechanismus, der die unterschiedlichen Formen der Ausbeutung im »Schlachthof« der kapitalistischen Moderne verbindet. Anstelle des Prozesses der Aneignung stellt von Redecker allerdings das entsprechende Verhältnis in den Mittelpunkt ihrer Analyse: die *Sachherrschaft* (meint: das moderne Eigentum). Sie betont, dass sowohl Sexismus und Rassismus als auch Umweltzerstörung historisch eng mit der Idee verknüpft sind, dass andere Menschen und die Umwelt wie modernes Eigentum behandelt werden können – grenzenlos verfügbar bis hin zum Recht auf Zerstörung.[174] Wenn wir diese Herrschaftsformen überwinden und dem Treiben im »Schlachthof« Einhalt gebieten wollen, müssen wir deshalb an der Wurzel ansetzen und uns das Prinzip der Sachherrschaft vorknüpfen und durch die Prinzipien einer »Demokratie von Teilenden« ablösen. Die ›Revolution für das Leben‹ *rettet, regeneriert, teilt* und *pflegt*, anstatt an der Sachherrschaft zugrunde zu gehen. Von Redecker schreibt:

> »Ob wir den Kapitalismus vermissen würden? Die funkelnden Schaufenster, die röhrenden Motoren, das Getümmel und die Schlacht? Wir werden gelernt haben, virtuoser mit unseren Gelüsten umzugehen. Vielleicht werden wir Zwischenräume für Verdinglichungsnostalgie und viehische Zwänge finden – Zwischenräume in einer Welt, die weiterhin lebendig ist, weil wir uns ihrer angenommen haben, als sie schon verloren schien.«[175]

174 Von Redecker, Eva (2020): *Revolution für das Leben. Philosophie der neuen Protestformen.* E-Book. Frankfurt am Main: S. Fischer Verlag.
175 Ebd., S. 292.

Auf dem Weg in eine neue Zeit

Heißt das nun, dass die Klimagerechtigkeitsbewegung eine anti-moderne Bewegung ist? Wie so oft ist die Sache ein wenig komplizierter, denn *Moderne* ist alles andere als ein eindeutiger Begriff. Einige Theoretiker*innen sprechen gar von ›multiplen Modernen‹, um die verschiedenen Ausprägungen der Moderne in unterschiedlichen Teilen der Welt besser analysieren zu können. Andere weisen darauf hin, dass die Moderne ja nicht ausschließlich von Ausbeutung und Krise gekennzeichnet ist, sondern auch ein wichtiges Reservoir emanzipatorischer Ideen und Bewegungen bietet. Das zeigt sich beispielsweise in der Geschichte der Philosophie: Zur selben Zeit, zu der Immanuel Kant seine rassistischen Thesen verbreitete, setzte sich der in Ghana geborene und in Halle lehrende Philosoph Anton Wilhelm Amo mit scharfen philosophischen Argumenten für die Abschaffung der Sklaverei ein. Dem frauen*feindlichen Klima ihrer Zeit zum Trotz legten frühe feministische Philosophinnen wie Olympe de Gouges und Mary Wollstonecraft die Grundlage für spätere emanzipatorische Bewegungen. So haben nicht nur nahezu alle in diesem Buch besprochenen Herrschaftssysteme, sondern auch viele der besprochenen Traditionen des Widerstands ihren Ausgangspunkt in der Moderne oder in der Begegnung mit der Moderne.

Es wäre daher ein Fehler, Klimagerechtigkeit als ein atavistisches[176] Projekt zu verstehen und die Rückkehr zu einer vormodernen Vergangenheit zu verfechten. Leider gibt es vielerorts regressive gesellschaftliche Akteure, die eine solche Agenda befürworten. Wie Mukul Sharma in seinem Buch *Green & Saffron* beschreibt, haben es beispielsweise in Indien hindunationalistische[177] Gruppen geschafft, Teile der Umweltbewegung für sich zu vereinnahmen. Dabei handelt es sich um Gruppen, die eine Rückkehr zu einer vormodernen brahmanischen Lebensweise propagieren und die Umweltverschmutzung mit dem vermeintlichen Fremden (*Dalits*[178] sowie

---

176 Atavistische Einstellungen sind Einstellungen, die sich auf ein veraltetes (z.B. ein vormodernes) Weltbild beziehen.

177 Hindunationalismus (Hindutva) ist eine Ideologie, die die Gründung eines Hindu-Staates im kulturell und religiös diversen Indien propagiert. Hindunationalist*innen sind in verschiedenen Gruppierungen organisiert und sind in den vergangenen Jahren zu einer einflussreichen Kraft im politischen Geschehen Indiens geworden.

178 Dalit ist die Selbstbezeichnung von Menschen, die im traditionellen indischen Kastensystem als ›Unberührbare‹ gelten und die sich im Alltag zahlreichen Formen der Diskriminierung ausgesetzt sehen.

Menschen muslimischen und christlichen Glaubens) assoziieren.[179] Auch in Europa mischen regressive Kräfte in der Debatte um Klimagerechtigkeit mit: Ausgerechnet der katholische Papst Franziskus tat sich 2015 mit der Veröffentlichung der (in vielen Teilen erstaunlich gut geschriebenen) Enzyklika *Laudato Si* hervor, die die systemischen Ursachen der Klimakrise anprangert und zur Sorge für das »gemeinsame Haus« der Menschheit mahnt. Die Lösung der Krise sieht Franziskus dann aber in einer Besinnung auf die Lehren der Bibel und in einer »neuen Spiritualität«.[180] Auch den obligatorischen antifeministischen Seitenhieb kann sich der Pontifex in seiner Enzyklika nicht verkneifen.[181]

Angesichts der Funktionsweise der beschriebenen Herrschaftsverhältnisse können wir allerdings bezweifeln, dass es mit einer Besinnung auf Bibel und auf die Texte des heiligen Franz von Assisi getan wäre. Stattdessen spricht vieles dafür, die Klimakrise als Anlass für einen progressiven, sozial-ökologischen Wandel der Gesellschaft zu verstehen. Die größten Klimakrisen der jüngeren Menschheitsgeschichte – die kleine Eiszeit, von der wir bereits gehört haben, und das sogenannte *frühmittelalterliche Pessimum*[182], welches den Untergang des einst allmächtigen Weströmischen Reiches besiegelte – gingen mit gravierenden gesellschaftlichen Umwürfen einher. Sollte die aktuelle Klimakrise tatsächlich einen ähnlich großen Bruch bedeuten wie ihre historischen Vorgängerinnen (und vieles deutet darauf hin), dann könnte die Klimakrise nichts anderes als das Ende der Moderne, wie

---

179 Sharma, Mukul (2012): *Green and Saffron: Hindu Nationalism and Indian Environmental Politics*. Ranikhet: Permanent Black.

180 Franziskus (2015): *Laudato si'. Über die Sorge für das gemeinsame Haus*. Rom: Libreria Editrice Vaticana. https://www.dbk.de/fileadmin/redaktion/diverse_downloads/presse_2015/2015-06-18-Enzyklika-Laudato-si-DE.pdf (29.11.2020)

181 Unter anderem schreibt Franziskus: »Ebenso ist die Wertschätzung des eigenen Körpers in seiner Weiblichkeit oder Männlichkeit notwendig, um in der Begegnung mit dem anderen Geschlecht sich selbst zu erkennen. Auf diese Weise ist es möglich, freudig die besondere Gabe des anderen oder der anderen als Werk Gottes des Schöpfers anzunehmen und sich gegenseitig zu bereichern. Eben deswegen ist die Einstellung dessen nicht gesund, der den Anspruch erhebt, den Unterschied zwischen den Geschlechtern auszulöschen, weil er sich nicht mehr damit auseinanderzusetzen versteht«. Ebd., S. 66 f.

182 Das frühmittelalterliche Pessimum ist eine klimatische Periode zwischen dem 5. und 8. Jahrhundert, in der das Klima auf der Nordhabkugel der Erde spürbar abkühlte. Sozial und politisch ging das frühmittelalterliche Pessimum in Europa unter anderem mit den Migrationsbewegungen der sogenannten Völkerwanderung und dem Niedergang des weströmischen Reichs einher.

wir sie kennen, bedeuten.[183] Jason Moore sieht in der aktuellen Klimakrise deshalb sogar eine revolutionäre Situation. Er fordert:

> »Wir müssen Netzwerke der Solidarität aufbauen, die willens sind, einen engagierten Pluralismus zu praktizieren. Das heißt nicht, dass alle immer allem zustimmen müssen. Wir sollten dennoch bereit sein, uns gegenseitig zuzuhören und in der Tradition von Solidarität und gegenseitiger Hilfe ein gemeinsames politisches Programm auszuarbeiten.«[184]

Doch wie genau könnte ein solches Programm aussehen? Im letzten Kapitel geht es um die Notwendigkeit einer progressiven Vision unter dem Horizont der Klimagerechtigkeit.

183 Je nachdem, wen man fragt, ist die Moderne auch schon längst passé. Die ›Postmoderne‹ ist allerdings ein ausgesprochen vager Begriff, der in Kunst, Literatur, Geschichte und Philosophie auf verschiedenste Weisen verwendet wird.

184 Kleinod, Michael (2020): Jason Moore: Diese Erde ist ein Sklavenschiff. *Jacobin Magazin.* Web. https://jacobin.de/artikel/jason-moore-klimakrise-kapitalismus-kolonialismus-anthropozan/ (29.11.2020)

Kapitel 6:
Die Zukunft zurückerobern

Wir leben im Kapitalismus, seine Macht scheint unwiderstehlich, aber so war es auch mit den heiligen Rechten von Königen. Jede Form von Macht, die Menschen über Menschen ausüben, kann durch Menschen verändert oder beseitigt werden.

Ursula K. Le Guin[185]

Staying With the Trouble: Jenseits des kapitalistischen Realismus

»Die Zukunft ist verkauft worden. Verpackt, gebündelt und gesichert, dient sie als Bindegewebe eines weltweiten Systems, das Spekulation in Profit verwandelt.«

Mit diesen Worten beginnt das Manifest *Speculate This*, das eine Gruppe anonymer Künstler*innen, Aktivist*innen und »Träumer*innen« 2013 veröffentlichte.[186] In ihrem Manifest regen die Autor*innen uns dazu an, uns darüber Gedanken zu machen und Spekulationen anzustellen, wie eine positive Zukunft aussehen könnte. Das mag für viele Menschen in unserem Zeitalter tatsächlich eine eher ungewöhnliche Übung darstellen. Bei dem Wort *Spekulation* denken die meisten wohl erst einmal an Börsen- oder Immobiliengeschäfte anstatt an das Sinnieren über systemische Alternativen

185 National Book Awards (2014): Ursula K Le Guin's speech at National Book Awards: »Books aren't just commodities«. *The Guardian.* Web. https://www.theguardian.com/books/2014/nov/20/ursula-k-le-guin-national-book-awards-speech (11.01.2021)

186 uncertain commons (2013): *Speculate This!* Durham und London: Duke University Press. Das Buch kann unter folgendem Link abgerufen werden: https://wtf.tw/ref/uncertain_commons_speculate_this.pdf

zum Status Quo. Zu verworren erscheint das Wollknäuel aus Kapitalismus, Kolonialismus und Patriarchat, als das dessen Abwicklung überhaupt denkbar wäre. In den vielzitierten Worten des Theoretikers Fredric Jameson fällt es den meisten von uns wesentlich leichter, sich das Ende der Welt vorzustellen als das Ende des Kapitalismus.

Der Theoretiker und Blogger Mark Fisher bezeichnet diese spürbare Unfähigkeit, sich Alternativen zum neoliberalen Kuddelmuddel unserer Zeit überhaupt vorzustellen, als *kapitalistischen Realismus.*[187] Fisher zufolge ist der kapitalistische Realismus kein zufälliges Phänomen unserer Zeit, sondern das Resultat jahrzehntelanger neoliberaler Kulturproduktion, der es erfolgreich gelang, jegliche Vorstellung von einer besseren Welt aus dem kollektiven Bewusstsein einer ganzen Generation auszulöschen. Diese Entwicklung begann laut Fisher spätestens mit dem Zusammenbruch der Sowjetunion, die den Siegeszug des Neoliberalismus in der politischen Arena endgültig zu besiegeln schien. Der Politikwissenschaftler Francis Fukuyama beschwor 1989 in einem vielbeachteten Aufsatz das »Ende der Geschichte« und sagte Jahrhunderte der »Langeweile« voraus, da ja nun alle brauchbaren Alternativen zum westlichen politischen System ein für alle Mal erschöpft seien.[188] »There Is No Alternative« (kurz TINA), der Slogan der neoliberalen britischen Premierministerin Margaret Thatcher, wurde zum Motto der neuen Ära. »Wer Visionen hat, soll zum Arzt gehen«, schimpfte selbst der Sozialdemokrat Helmut Schmidt. Aus Literatur und Film verschwanden die Utopien, an ihre Stelle traten dystopische Szenarien. Die Botschaft dahinter: Sei doch zufrieden mit der Welt, in der du lebst, sie könnte noch viel schlimmer sein! Indem der Neoliberalismus auf diese Weise ständig seine eigene *Alternativlosigkeit* betonte, schaffte er es, sämtliche inhaltliche Kritik von vornherein zu entkräften. Sachzwänge verlangen schließlich keine inhaltliche Begründung.

In einem absurden Schachzug gelang es bisher ausgerechnet der politisch Rechten, die dem kapitalistischen Realismus folgende Erschöpfung für ihre politischen Ziele zu instrumentalisieren. Nicht zufällig wählte die 2013 in Berlin gegründete Partei, die den gesellschaftlichen Rechtsruck

187 Fisher, Mark (2013): *Kapitalistischer Realismus ohne Alternative? Eine Flugschrift.* Hamburg: VSA Verlag.

188 Fukuyama, Francis (1989): The End of History? *The National Interest.* Web. https://www.embl.de/aboutus/science_society/discussion/discussion_2006/ref1-22june06.pdf (29.11.2020)

der vergangenen Jahre in Deutschland ganz wesentlich mitgestaltete, den Namen *Alternative für Deutschland*. Dabei stellt die Vision der AfD und anderer Akteure, die wir bereits unter dem Stichpunkt der ›Politik des bewaffneten Rettungsboots‹ diskutiert haben, in keiner Weise eine Abkehr vom kapitalistischen Status Quo dar. Viel eher kommt sie einem ebenso skandalösen wie fantasielosen ›Weiter so!‹ gleich: Abschottung, Überwachung, Kriminalisierung von Migration und das verzweifelte Festhalten an über Jahrhunderte geraubten Reichtümern und Privilegien seitens der reichen Industrienationen. An den Grenzen der ›Festung Europa‹, wo jährlich Tausende Menschen, die unter anderem vor den Folgen des Klimawandels fliehen, im Mittelmeer ertrinken und in Internierungslagern gefoltert werden, zeigt sich, dass der kapitalistische Realismus nicht nur verblödet, sondern auch tötet.

Es bedarf also keiner hellseherischen Fähigkeiten, um festzustellen, dass der kapitalistische Realismus in Zeiten der Klimakrise auf unvereinbare Widersprüche stößt. Es genügt ein Blick in die Gegenwart: Für viele Menschen sind Umweltzerstörung, Massensterben, Hungerkatastrophen, Flucht und Vertreibung ja schon längst nicht mehr nur Zukunftsaussichten, sondern eine alltägliche Realität. Rebecca Abena Kennedy-Asante vom *BIPoC Environmental Climate Justice Kollektiv Berlin* wies in einem Redebeitrag auf dem Berliner Klimastreik vom 20. September 2019 genau darauf hin:

> »Für uns heißt diese Veranstaltung nicht Fridays for Future. Für uns heißt diese Veranstaltung Fridays for Past, Present and Future, weil der Globale Norden uns und unseren Familien die Vergangenheit, die Gegenwart und die Zukunft klaut. Bei Fridays for Future gehen mehrheitlich weiße, privilegierte junge Menschen auf die Straße und demonstrieren für ihre Lebensgrundlagen in der Zukunft. Das ist nur ein Teil der Perspektive von Schwarzen Menschen und People of Colour. Denn die Lebensgrundlagen von Menschen im Globalen Süden werden einfach schon seit Jahrhunderten zerstört. Unser Haus brennt schon seit 500 Jahren, denn Versklavung und Kolonialismus gehen mit der Zerstörung der Umwelt und dem Raubbau an Ressourcen einher. Auch in der Gegenwart brennen Häuser und Wälder in Angola und dem Amazonas. Deshalb ist es für uns nicht nur Fridays for Future.«[189]

---

189 Dziedzic, Paul (2019): Friday for Past, Present and Future. *analyse & kritik*. Web. https://www.akweb.de/bewegung/fridays-for-past-present-and-future/ (29.11.2020)

Der Sioux-Historiker Nick Estes hat demselben Thema ein ganzes Buch gewidmet. Es heißt *Our History Is the Future* – Unsere Geschichte ist die Zukunft. In einem Gespräch mit Nick Serpe stellt Estes fest:

> »Indigene Menschen sind post-apokalyptisch. In einigen Fällen haben wir bereits mehrere Apokalypsen durchgemacht. Allein für meine Community war es die Vernichtung der Büffelherden, die Vernichtung unserer Tierverwandten auf dem Land, die Vernichtung unserer Tiernationen im 19. Jahrhundert, und die Zerstörung unserer Fluss-Heimat im 20. Jahrhundert. Ich möchte diese Erfahrung nicht verallgemeinern, sie war sehr einzigartig für uns als Nationen. Aber wenn es etwas gibt, das sich von Indigenen Menschen lernen lässt, dann, was es heißt, in einer post-apokalyptischen Gesellschaft zu leben.«[190]

Wie aber gehen wir damit um, dass die Zukunft, für die einige von uns kämpfen, für andere von uns bereits Vergangenheit ist? Wie kann die Klimagerechtigkeitsbewegung dem kapitalistischen Realismus eine vielversprechende Vision entgegensetzen, ohne eine Sprache zu verwenden, die das bereits Geschehene verharmlost oder gar leugnet? Eine mögliche Antwort auf dieses Dilemma bietet die feministische Theoretikerin Donna Haraway in ihrem Buch *Staying With the Trouble* (das auf Deutsch unter dem Titel *Unruhig Bleiben* erschien). Haraway schreibt:

> »Die Aufgabe besteht darin, sich entlang erfinderischer Verbindungslinien verwandt zu machen und eine Praxis des Lernens zu entwickeln, die es uns ermöglicht, in einer dichten Gegenwart und miteinander gut zu leben und zu sterben. Es ist unsere Aufgabe, Unruhe zu stiften, zu wirkungsvollen Reaktionen auf zerstörerische Ereignisse aufzurütteln, aber auch die aufgewühlten Gewässer zu beruhigen, ruhige Orte wieder aufzubauen.«[191]

---

190 »Indigenous people are post-apocalyptic. In some cases, we have undergone several apocalypses. For my community alone, it was the destruction of the buffalo herds, the destruction of our animal relatives on the land, the destruction of our animal nations in the nineteenth century, of our river homelands in the twentieth century. I don't want to universalize that experience; it was very unique to us as nations. But if there is something you can learn from Indigenous people, it's what it's like to live in a post-apocalyptic society.« Serpe, Nick (2019). Indigenous Resistance Is Post-Apocalyptic, with Nick Estes. *Dissent.* https://www.dissentmagazine.org/online_articles/booked-indigenous-resistance-is-post-apocalyptic-with-nick-estes (29.11.2020)

191 Haraway, Donna (2018): *Unruhig bleiben: Die Verwandtschaft der Arten im Chthuluzän.* Frankfurt a.M.: Campus Verlag. S. 1

Die Klimagerechtigkeitsbewegung steht also vor der Herausforderung, den gedanklichen Zwischenraum zwischen *Hurra, diese Welt geht unter* und *Hunger Games* mit einer überzeugenden Vision zu füllen, die sowohl das bereits geschehene Unrecht anerkennt und einen Raum der Trauer und des Heilens bietet, als auch den Anspruch hat, den kapitalistischen Realismus zu überwinden und die Zukunft zurückzuerobern. Eine Vision, die uns anregt, auf den schon jetzt existierenden (metaphorischen und realen) Ruinen der Klimakatastrophe eine neue Welt zu erbauen.[192] Sie muss aufzeigen, dass die anhaltende Zerstörung des Planeten alles andere als alternativlos ist. Tatsächlich sind Kolonialismus, Kapitalismus und die moderne patriarchale Arbeitsteilung historisch relativ junge Phänomene, deren fortwährende Existenz alles andere als in Stein gemeißelt ist.

Green New Deal, Red Deal oder ökologische Zivilisation?

Insbesondere in Nordamerika, Skandinavien und in Zentraleuropa ist die Forderung nach einem sogenannten *Green New Deal* zu einem beliebten Aufhänger geworden, um eine konkrete Vision einer klimagerechten Zukunft zu formulieren. Eine entscheidende Rolle für die Popularisierung des Konzepts spielte die US-amerikanische Jugendbewegung *Sunrise Movement*, die durch ihre Aktionen immer mehr prominente Politiker*innen dazu bewegen konnte, sich öffentlich für einen Green New Deal einzusetzen. Historisch knüpft der Begriff an den *New Deal* an, ein weitreichendes Reformpaket, das in den 1930er-Jahren in den USA durch den damaligen Präsidenten Franklin D. Roosevelt angestoßen wurde, um die katastrophalen Folgen der damals grassierenden Wirtschaftskrise einzudämmen. Zu den Maßnahmen des damaligen New Deals zählten unter anderem die Einführung der Sozialversicherung und eines flächendeckenden Mindestlohns in den USA. In Anlehnung an die Roosevelt'schen Reformen fordern auch die Befürworter*innen eines Green New Deals ein starkes Eingreifen des Staates in die Wirtschaft, um die dringend benötigte sozial-ökologische Wende auch gegen die Interessen mächtiger multinationaler Unternehmen verwirklichen zu können.

192 Häufig kritisiert wird allerdings Haraways Fokus auf das Thema Überbevölkerung (s. Ausführungen zum Ökofaschismus). Im Fokus der Kritik steht dabei die Aufforderung »Make kin, not babies«.

Das Spektrum der geforderten Maßnahmen ist breit. Der Green New Deal-Entwurf der britischen Labour-Partei beispielsweise, eines der umfassendsten Dokumente seiner Art, fordert unter anderem einen schnellen Ausstieg aus den fossilen Brennstoffen, massive Investitionen in erneuerbare Energien, eine Verkehrswende (weg vom motorisierten Individualverkehr, hin zu einem günstigen und ausgebauten öffentlichen Verkehrssystem), eine Stärkung der öffentlichen Daseinsvorsorge (z.B. in den Bereichen Pflege, Bildung und Wohnen), Zahlungen an Entwicklungsländer und die Anerkennung und Aufnahme von Klimageflüchteten.[193] Mit letzteren Forderungen knüpft das Dokument auch an eine alte Forderung der Klimabewegung an – wie im ersten Kapital beschrieben, war die Anerkennung der ›ökologischen Schulden‹ des Globalen Nordens eine Kernkomponente früherer Kampagnen zum Thema Klimagerechtigkeit.

Immer wieder weisen Aktivist*innen darauf hin, dass die Maßnahmen, die im Rahmen eines Green New Deals vorgeschlagen werden, auch eine wirtschaftliche Chance bieten. So wird der Green New Deal oft mit der Forderung nach einer staatlichen Arbeitsplatzgarantie und mit Investitionen in Bildung, sozialen Wohnungsbau und das Gesundheitssystem verbunden, etwa von der US-amerikanischen Senatorin Alexandria Ocasio-Cortez. Dieser Fokus auf soziale Fragen soll Gegner*innen, die vor den Folgen einer drohenden Rezession warnen, den Wind aus den Segeln nehmen. In den Worten des Linken-Politikers und Green-New-Deal-Verfechters Bernd Riexinger: »Kein Beschäftigter soll sich zwischen Job und einer Zukunft für seine Kinder entscheiden müssen.«[194]

Doch nicht jeder Green New Deal enthält das, was er verspricht.[195] So mancher Entwurf entpuppt sich in der Tat als Mogelpackung. Selbst die konservative EU-Kommission hat das Konzept inzwischen aufgegriffen und unter dem Titel *European Green Deal* ein neoliberales Maßnahmenpaket

---

193 https://www.labourgnd.uk/gnd-explained (29.11.2020)

194 Riexinger, Bernd (2019): Ein linker Green New Deal. *Neues Deutschland.* https://www.neues-deutschland.de/artikel/1126951.bernd-riexinger-ein-linker-green-new-deal.html

195 Der linke Publizist Raul Zelik erinnert daran, dass das Konzept des Green New Deals erstmals ausgerechnet durch einen Artikel des neoliberalen Kolumnisten Thomas Friedman in der New York Times im Jahr 2007 größere Bekanntheit erfuhr. Friedman plädierte damals für einen Green New Deal nicht als ein Programm der Klimagerechtigkeit, sondern als eine Chance, die Wettbewerbsmacht der USA zu stärken. Vgl. Zelik, Raul (2020): *Wir Untoten des Kapitals. Über politische Monster und einen grünen Sozialismus.* Berlin: Suhrkamp.

verabschiedet, das sich in keiner Weise am Horizont der Klimagerechtigkeitsbewegung orientiert, sondern die angepeilte ›Klimaneutralität‹ zur Devise eines neuen europäischen Exzeptionalismus[196] macht. Laut den Plänen der Kommission soll Europa durch den European Green Deal zum ersten klimaneutralen Kontinent der Erde werden und will damit anderen Kontinenten ein Beispiel sein. Wachstumslogik, Kolonialismus und Patriarchat hingegen finden im Entwurf des Green Deals keine Erwähnung.[197]

Aber selbst an ›linkeren‹ Versionen des Green New Deals gibt es reichlich Kritik. Das Indigene Kollektiv *Red Nation* beispielsweise beanstandet, dass der Green New Deal die Perspektiven Indigener Communitys und sozialer Bewegungen nicht genügend berücksichtigt.[198] Politische Veränderungen, so einer der Hauptkritikpunkte des Kollektivs, dürfen nie einseitig von oben herab verordnet werden, sondern müssen unter Einbeziehung existierender sozialer Bewegungen verhandelt und durchgesetzt werden. Unter anderem weist *Red Nation* darauf hin, dass schon der New Deal des vergangenen Jahrhunderts, als von höchster Ebene verordnetes Reformprogramm, an vielen Orten scheiterte. Ein Beispiel dafür ist die 1933 durch Präsident Roosevelt autorisierte Konstruktion des Fort-Peck-Damms im ländlichen US-amerikanischen Bundesstaat Montana. Während die Bauarbeiten an dem Damm mehr als zehntausend gut bezahlte Arbeitsplätze für *weiße* Arbeiter*innen schufen und die Wirtschaft von Montana aus der Krise holten, wurden für die Konstruktion des Damms auch 350 Familien der Navajo-Nation enteignet, die auf dem Gebiet der Bauarbeiten lebten. Wie die Geschichte des Fort-Peck-Damms illustriert, waren die Maßnahmen des New Deals der 1930er-Jahre nicht immer für alle beteiligten Gruppen sozialverträglich. Anstatt eines Green New Deals fordern die Aktivist*innen von Red Nation deshalb einen *Red Deal,* der sich an der Realität und den Forderungen lokal verwurzelter Klimagerechtigkeitsbewegungen orientiert.

---

196 Exzeptionalismus ist die Idee, dass ein Land oder ein Kontinent (z.B. im Falle des europäischen Exzeptionalismus) eine Sonderstellung in der Welt einnimmt.

197 Europäische Kommission (2019): *Der europäische Grüne Deal.* Brüssel: EUR-Lex. https://eur-lex.europa.eu/resource.html?uri=cellar:b828d165-1c22-11ea-8c1f-01aa75ed71a1.0021.02/DOC_1&format=PDF (29.11.2020)

198 Estes, Nick (2019): A Red Deal. In: *Jacobin Magazine.* Web. https://www.jacobinmag.com/2019/08/red-deal-green-new-deal-ecosocialism-decolonization-indigenous-resistance-environment (29.11.2020)

Eine weitere Alternative zum Green New Deal bietet das chinesische Konzept der *ökologischen Zivilisation* (生态文明, shēngtài wénmíng). Seitdem die Idee 2007 vom damaligen Staatspräsidenten Hu Jintao in den politischen Diskurs eingeführt wurde, ist das Ziel, eine ökologische Zivilisation zu schaffen, zu einem Kernziel der chinesischen Politik geworden und wurde 2012 sogar in der Verfassung der regierenden kommunistischen Partei verankert. Das ausgerufene Ziel ist es, die gesamte Gesellschaft in eine wirtschaftlich, technologisch und kulturell nachhaltige Zivilisation umzubauen. Neben dem Marxismus greift die Debatte zur *ökologischen Zivilisation* auch Motive der klassischen chinesischen Philosophie (Konfuzianismus, Daoismus und Buddhismus) auf. Die Einsicht, dass Wirtschaftswachstum und eine ökologische Lebensweise langfristig miteinander unvereinbar sind, findet dabei unter chinesischen Theoretiker*innen immer mehr Anhänger*innen.[199] Während der ganzheitliche Ansatz des Konzepts fasziniert, ist auch hier Vorsicht geboten, denn die Vision der ökologischen Zivilisation legt nicht unbedingt Wert auf einen fairen und nachhaltigen Transformationsprozess. Die Repressionen gegenüber sozialen Bewegungen, feministischen Kämpfen und Arbeiter*innenstreiks haben in China insbesondere seit der Wahl Xi Jinpings zum Staatspräsidenten im Jahr 2013 stark zugenommen. Auch mit Blick auf das Konzept der ökologischen Zivilisation ist die Kritik daher berechtigt, dass Klimagerechtigkeit nicht einfach durch eine Regierung verordnet werden kann, sondern durch soziale Bewegungen erkämpft und umgesetzt werden muss.

Ein wiederkehrendes Dilemma betrifft in der Diskussion aller drei Entwürfe die Rolle des Staates. Einerseits ist in der aktuellen Situation nur schwer vorstellbar, die dringend erforderlichen systemischen Veränderungen ohne staatliche Interventionen umzusetzen. In letzter Instanz aber wäre es naiv, sich in der Klimafrage auf die Kooperation derselben Nationalstaaten zu verlassen, die in der Vergangenheit so zuverlässig die wirtschaftlichen Interessen ihrer Eliten verteidigt haben. Das legt nahe, dass die Klimagerechtigkeitsbewegung der Zukunft vielleicht ihre eigenen Institutionen aufbauen muss, um gesellschaftliche Veränderungen effektiv und nachhaltig anstoßen zu können.

199 Wang, Zihe; Huili He und Meijun Fan (2014): The Ecological Civilization Debate in China. *Monthly Review*. https://monthlyreview.org/2014/11/01/the-ecological-civilization-debate-in-china/ (14.01.2021)

Von Chiapas bis Kerala: ¡Otro Mundo es posible!

Nehmen wir uns Nick Estes‹ Buchtitel *Our History is the Future* zu Herzen, dann ist die ›andere Welt‹ ohnehin nie allzu weit entfernt. Zwar hat der kapitalistische Realismus es geschafft, die Geschichten, Kämpfe und Schicksale der ›anderen Welt‹ weitestgehend aus der kollektiven Imagination zu verbannen. Gelegentlich aber treten sie hervor, wie Gespenster des Kapitals, und erinnern die Welt, dass die Möglichkeit einer besseren Welt der aktuellen Ordnung immer schon innewohnt.

Ein solcher Moment spielte sich am 1. Januar 1994 vor den Augen einer verdutzten Weltöffentlichkeit ab. Eigentlich sollte der Tag als ein weiterer Meilenstein des Welthandels in die Geschichtsbücher eingehen. Zum Jahresbeginn trat nach intensiven Verhandlungen das nordamerikanische Freihandelsabkommen NAFTA zwischen den USA, Mexiko und Kanada in Kraft. Es handelte sich um ein Abkommen, das nach der Ansicht der meisten Beobachter*innen ›alternativlos‹ war – Freihandel wurde als integraler Bestandteil der wirtschaftsliberalen Weltordnung wahrgenommen. Dass von dem Abkommen nur eine kleine Oberschicht profitieren würde, während sich massive soziale Folgen, Arbeitsplatzverluste und Umweltschäden abzeichneten, stritten die Verantwortlichen entweder ab oder stellten es als notwendiges Übel dar.

Letztendlich jedoch wurden die Feierlichkeiten von anderen Ereignissen überschattet. Während in Washington und Mexico City zur Feier des Tages die Korken knallten, überrannten mehr als dreitausend Maskierte die wichtigsten Städte der südmexikanische Provinz Chiapas, besetzten ein Gebiet der Größe Baden-Württembergs und erklärten dem Neoliberalismus den Krieg. Bei den bewaffneten Aufständischen handelte es sich größtenteils um *Campesinx*[200], um Indigene Bäuer*innen, deren Vorfahr*innen seit Tausenden Jahren in Chiapas lebten. Sie fürchteten um ihr Land, da sich die mexikanische Regierung im Rahmen der NAFTA-Verhandlungen dazu gezwungen gesehen hatte, einen Artikel aus der Verfassung zu streichen, der Gemeinschaftsland (›ejidos‹) vor der Privatisierung schützte. In einer Hommage an den mexikanischen Revolutionär Emilio Zapata nannten sie sich die *Zapatistische Armee der Nationalen Befreiung* – bekannt wurden sie als ›Zapatistas‹. Höflich, aber bestimmt, kündigten die Zapatistas den

200 *Campesinx* ist der geschlechtsneutrale Plural von *Campesino*, dem in Lateinamerika gängigen Begriff für ›Landarbeiter‹.

neoliberalen Gesellschaftsvertrag auf, den sie nie unterschrieben hatten. »Sorry for the inconvenience, but this is a revolution«, erklärte der inoffizielle Sprecher der Zapatistas, *Subcommandante Marcos,* ein junger, Pfeife rauchender Philosoph aus Mexiko City. Seit den frühen 1980er-Jahren schon hatten sich die Zapatistas in den Bergen Chiapas fernab der Aufmerksamkeit von Medien und Militär auf ihren großen Tag vorbereitet. Nun stiegen sie hinab und verkündeten der Welt: ¡*Otro Mundo es posible*! Eine andere Welt ist möglich! Mit nur vier Worten traf die Rebellion der Zapatisten in das Herz des kapitalistischen Realismus.

Angesichts der ungeheuerlichen Ereignisse ließ die mexikanische Armee nicht lange auf sich warten und rückte an, den Abtrünnigen die Alternativlosigkeit des neoliberalen Systems notfalls auch mit Waffengewalt einzupauken. Aus für die Regierung unerfindlichen Gründen, sympathisierte jedoch ein Großteil der lokalen Bevölkerung mit dem Aufstand, der nie vollständig niedergeschlagen werden konnte. So kontrollieren die Zapatistas auch nach 30 Jahren immer noch große Landstriche der Region Chiapas. Im Laufe der Zeit wurden die zapatistischen Gebiete zu einer Art Labor für eine andere Welt. Das Land der von den Zapatistas enteigneten Großgrundbesitzer*innen wurde umverteilt. Statt großen Agrarbetrieben bilden nun landwirtschaftliche Kooperativen die Grundlage des Wirtschaftens. Politisch sind die Gebiete in *Caracoles* (›Schneckenhäuser‹) organisiert, lokalen Zentren, in denen Delegierte der verschiedenen Landkreise (›municipios‹) zusammenkommen, um gemeinsam wichtige Entscheidungen zu treffen – wenn es sein muss auch im Schneckentempo. Schulbildung und Gesundheitsversorgung werden weitestgehend kostenlos zur Verfügung gestellt. Das Justizsystem priorisiert Versöhnung und Transformation gegenüber Bestrafung und Abschreckung. Ökologie und Gleichberechtigung (immerhin ein Drittel der Mitglieder der Zapatistischen Armee der Nationalen Befreiung sind Frauen*) sind wichtige Prinzipien. Eine große Betonung liegt auch auf der Autonomie und Selbstorganisation der Gemeinden: *Aquí, manda el pueblo y el gobierno obedece* (»hier herrschen die Menschen und die Regierung gehorcht«) ist eines der zahlreichen Mottos. Regelmäßig nehmen die Menschen in den zapatistischen Gebieten an Vollversammlungen mit ungefähr 300 Familien teil. Entscheidungen werden nicht von oben herab getroffen, sondern, wenn möglich, im Konsensverfahren. Von oben verordnete Megaprojekte der mexikanischen Zentralregierung lehnen die Zapatistas entschieden ab. Auf diese Weise bietet die politische Praxis der Zapatistas eine erfrischende Alternative zur Welt des Kapitals. In dem Slogan *Another World Is Possible* lebt der Geist ihrer Revolte auch in der Klimagerechtigkeitsbewegung noch weiter. Der in den zapatistischen Gebieten produzierte Kaffee ist im Übrigen auch in Deutschland erhältlich.

Der Kaffee verbindet Chiapas mit dem weit entfernten südindischen Bundestaat Kerala – auch hier, an der weltberühmten Malabarküste, bieten sich exzellente Bedingungen für den Anbau der schwarzbraunen Bohnen. Kerala ist eine kleine und dennoch dicht besiedelte Region im Süden Indiens, die mehr Einwohner*innen zählt als das riesige Australien. Noch vor wenigen Jahrzehnten gehörte das Bundesland zu den ärmsten Regionen der Welt. Heute stellt Kerala für viele Ökonom*innen eine Art Wunder dar. Zwar ist Kerala im globalen Vergleich noch immer eine relativ arme Gegend: 2019 betrug das durchschnittliche monatliche Pro-Kopf-Einkommen dort keine 200 Euro.[201] Doch trotz des geringen Durchschnittseinkommens genießen die *Keralit*innen* einen Lebensstandard, der es mit der industrialisierten Welt aufnehmen kann. Im *Sustainable Development Index* des Anthropologen Jason Hickel, der Faktoren wie Lebenserwartung, Bildung, Einkommen und CO_2-Ausstoß erfasst, käme Kerala (wäre es ein Land) weltweit auf Platz 13, weit vor den USA und China.[202] Die durchschnittliche Lebenserwartung liegt inzwischen bei über 75 Jahren[203] und damit im Bereich wesentlich reicherer Länder. Mehr als 96 % der Bewohner*innen Keralas können lesen und schreiben, ebenfalls ein Wert, der mit vielen wesentlich wohlhabenderen Nationen vergleichbar ist.[204] Wenn nicht im konventionellen Wirtschaftswachstum, worin liegt der Schlüssel zum Erfolg des Kerala-Modells?

Wie in Chiapas lassen sich die Entwicklungen in Kerala nur im Kontext der erfolgreichen Selbstorganisation der Bevölkerung erklären.

---

201 https://www.statista.com/statistics/1117485/india-per-capita-income-kerala/ (29.11.2020)

202 Karunakaran, Binu (2020): Kerala scores again, ranks 13 in SDI list. *The Times of India*. Web. https://timesofindia.indiatimes.com/city/kochi/kerala-scores-again-ranks-13-in-sdi-list/articleshow/75858434.cms (29.11.2020)

203 https://rbidocs.rbi.org.in/rdocs/Publications/PDFs/T_117C0819390463472C810E14FD968B257A.PDF (29.11.2020)

204 At 96.2 %, Kerala tops literacy rate chart; Andhra Pradesh worst performer at 66.4 %. *The Economic Times*. Web. https://economictimes.indiatimes.com/news/politics-and-nation/at-96-2-kerala-tops-literacy-rate-chart-andhra-pradesh-worst-performer-at-66-4/articleshow/77978682.cms (29.11.2020)

Schon in den 1920er- und 1930er-Jahren galt Kerala als einer ›Wiege sozialer Bewegungen‹. Verschiedenste Bewegungen kämpften für die Abschaffung des Kastensystems, Bildungsgerechtigkeit und gegen den britischen Kolonialismus. Als 1957 im damals neu gegründeten Bundesstaat Kerala die ersten Wahlen abgehalten wurden, gewann nicht, wie in allen anderen Wahlen des unabhängigen Indiens zuvor, der allmächtige Indische Nationalkongress, die Partei Mahatma Gandhis. Stattdessen entschieden sich die Keralit*innen an der Wahlurne mehrheitlich für den lokalen Ableger der Kommunistischen Partei Indiens, der wenige Jahre zuvor den bewaffneten Widerstand weitestgehend aufgegeben und sich der Wahlpolitik zugewandt hatte. Trotz massiven Drucks durch die ihnen feindlich gesonnene indische Bundesregierung zögerten der neue Chief Minister E.M.S. Namboodiripad und seine Genoss*innen keine Sekunde, ein radikales Reformprogramm durchzusetzen. Umfassende Reformen, darunter die Umverteilung von Land, ein Mindestlohngesetz sowie Armutsbekämpfungsmaßnahmen wurden verabschiedet. Zudem investierte die kommunistische Regierung massiv in Schulen und Krankenhäuser. Nur zwei Jahre später setzte die indische Zentralregierung dem ungeheuerlichen Treiben ein Ende und entließ Namboodiripad. Dennoch wählte Kerala seither immer wieder kommunistische Regierungen an die Macht, die im Laufe der Jahrzehnte ein Entwicklungsmodell prägten, das nicht auf einer umweltschädlichen Industrialisierung, sondern auf der Umverteilung von Land und Ressourcen und auf Investitionen in soziale Infrastruktur, Bildungsinstitutionen und das Gesundheitssystem beruht. Ein weiterer Fokus war die Dezentralisierung der Macht und die Stärkung lokaler Regierungen sowie sozialer Bewegungen. So verfügt Kerala noch heute über eine rege Zivilgesellschaft und eine lebendige aktivistische Szene. Von vielen Theoretiker*innen wird das Kerala-Modell deshalb als ein Modell der nachhaltigen Entwicklung herangezogen, das nicht auf Wirtschaftswachstum, sondern auf sozialen und demokratischen Reformen basiert.

Chiapas und Kerala sind nur zwei Beispiele dafür, dass die Imaginationswüste des neoliberalen Status Quo alles andere als *alternativlos* ist.

Selbstverständlich gibt es auch in den zapatistischen Gebieten und in Kerala Probleme – keine Gesellschaftsform ist fehlerfrei. Doch sie zeigen uns, dass andere Formen des Zusammenlebens möglich sind und sogar funktionieren können. Wer sich ein wenig umschaut, findet überall auf der

Welt ähnliche Bewegungen: Von Bolivien bis Kurdistan[205], von der französischen Provinz[206] bis nach Kenia[207]: Die unwahrscheinlichen Zukünfte, die uns der kapitalistische Realismus so lange vorenthielt, sind längst hier. Selbst im riesigen, undurchdringbaren Wollknäuel der Klimakrise verbergen sich zahlreiche lose Enden, die in eine bessere, gerechtere und schönere Welt führen. Es höchste Zeit, sie zu ergreifen und die Geschichte auf den Kopf zu stellen.

---

205 https://makerojavagreenagain.org/ (29.11.2020)

206 Earle, Ethan (2020): In Grenoble, a Green Mayor is Uniting the Left. *Jacobin.* Web. https://jacobinmag.com/2020/06/grenoble-eric-piolle-france-greens-municipal-elections (29.11.2020)

207 http://www.greenbeltmovement.org/ (29.11.2020)

Danksagung

Schreiben ist immer ein Gespräch. Danke für Eure Unterstützung, Freundschaft, *comradery* und Inspiration:

Kimia Godarzani, Rizwan Farooq Mian, Mihir Sharma, Ismael Benkrama, Merlin Hosack, Immanuel Nikelski, Erik Legat, Rosa Lange, Marina Maschek, Konrad Lucke, Pauline Sieger, Jakob Harteg, Victor Sanchez Juarez, Moritz Kalis, Corvin Pacher, Bernardo Jurema, Ana und Veljko Armano Linta, Lydia Nguyen, Hanna Thomschke, Kavya Gopal, Mehul Banka, Rhea Malik, Oishik Ganguly, Sahaj Sankaran, Diya Kundu, Shikhar Agarwal, Wong Cai Jie, Art Naming, Fu Xiyao, Paul Yee, Talulla Cameron, Kanlongtham Damrongsoontornchai. die Bezugsgruppe Backfisch, das Bündnis Eine S-Bahn für Alle und viele mehr. Herzlichen Dank auch an Tatjana, Martin und den Unrast-Verlag für eure Weisheit und Unterstützung.

Inspiriert ist das Buch auch von großartigen Lehrer*innen: Roger T. Ames, Graham Parkes, Romesh Singh, Ranjan Panda, Matthew Schneider-Mayerson, Gavin Flood, Gabriele Koch, Robin Celikates, Jacob Blumenfeld.

Von vorne bis hinten begleitet und angetrieben wurde der Schreibprozess von den Klängen von Nahko & Medicine for the People, Zhang Chu, Laal, Poojan Sahil, Ky-Mani Marley und natürlich Bob.

Ein besonderer Dank gebührt meiner Familie: Christina, Martin, Maja, Valentin und Inga. 夫孝，德之本也，教之所由生也.